社長・税理士・弁護士のための

会社再生
出口戦略

リスケジュール・会社分割・民事再生・協議会の選び方、使い方

弁護士・中小企業診断士　宮原 一東

税務経理協会

はしがき

　リーマンショック以降の世界的景気低迷，その後の東日本大震災，さらにユーロ危機，円高・株安の影響など，ここ数年の企業，特に中小企業を取り巻く外部環境は厳しい状況が続いています。
　しかも平成25年（2013年）3月末には，金融円滑化法が期限切れにより，終了することが見込まれています。そこで，会社経営者の方々，また，日頃から会社経営をサポートされている顧問税理士，弁護士，コンサルタントの方々は，金融円滑化法終了への対応をどうすべきか不安な日々を過ごされていると思います。

　本書は金融円滑化法の出口戦略を含め，会社再生の出口戦略（スキーム）について，債務者会社目線でなるべく平易に書いたものになります。
　金融円滑化法の出口戦略について，書かれている書籍はいくつか出されていますが，どちらかと言うと，金融機関目線のものが多いのが実情です。本書は，主に会社経営者，顧問税理士，弁護士，コンサルタントの方々を対象として，金融円滑化法終了に会社がどのように対応すればよいのか（Ⅱ参照）を含め，**債務者会社側の目線に立って，可能な限り平易に書いている**のが大きな特徴です。もちろん銀行担当者の方にとっても，会社再生の基本理念や再生スキームを知っていただくために有益だと思います。

　本書は，具体的な再生手法（出口戦略，Ⅵ参照）については，幅広く取り上げました。各再生手法については，メリットだけでなく，デメリットや留意点も書くことにしました。**デメリットや留意点まで書いたのは，それぞれの会社ごとに最適な再生スキームは違う**はずだからです。それぞれの出口戦略ごとに事例を設けていますし，実務上よく聞かれる質問（Ⅷ参照）も取り上げてみましたので，会社再生の出口戦略や進め方について，基本的なイメージを感じ取っていただけると思います。
　現在，会社再生を進めるにあたっては，中小企業再生支援協議会をはじめと

した公的機関の活用を検討対象から除外することは出来ません。これら公的機関で示されている私的整理の準則（「物差し」と言っても良いでしょう）を知っておくことも有意義です。また，中小企業の場合，現実には難しい点もありますが，スポンサー活用を求められることも少なくありません。そこで，**本書では，中小企業再生支援協議会等の公的機関の概要やスポンサー活用方法も紹介**しています（Ⅶ参照）。

会社再生の骨は事業の再構築にあります（PL，CFの改善）。それを大前提として，過剰債務があれば圧縮し，財務内容の改善（BS改善）を行うからこそ，会社再生が達成出来るのです。本書では事業の再構築については，事業計画の作り方という形で簡単に触れただけですが，これが一番の肝になります。専門家の力を借りながら，会社経営者や役職員の方々の事業再構築の努力が求められることを忘れてはいけません。

また，**財務内容の改善のためには最大債権者である金融機関の理解・協力が必要**です。銀行交渉や返済計画の作成等を進めるにあたっては，銀行の理解が得られるような内容にするために，「経済合理性」を前提として，「公正性」「衡平性」「透明性」「遂行性」を守ることが大事になります。本書において，**倒産法の基本理念を確認**しているのもそのためです（Ⅲ参照）。

もっとも，色々努力しても，会社を残すことが難しいこともあるかもしれません。その場合でも，夜逃げや自殺等をしないで，生きていくことは可能です。会社が倒産したらどうなるのかも書いてみましたので，**最悪の場合でも救われる**ということを知ってもらいたいと思います（Ⅹ参照）。

本書が会社経営者，顧問税理士，弁護士，コンサルタントの方々の一助となり，少しでも多くの会社が倒産を回避し，再生できることを願っています。

平成25年2月

宮原一東

目　次

はしがき

Ⅰ　経営危機への対応策

- 1　経営危機が迫っている …………………………………………………… 1
- 2　経営危機は命の問題 ……………………………………………………… 2
- 3　助けとなる本はたくさんあるが…… …………………………………… 2
- 4　間違った方向に走って行っても仕方ない ……………………………… 3

Ⅱ　金融円滑化法終了への対応策

- 1　金融円滑化法の終了 ……………………………………………………… 5
- 2　安易なリ・スケジュールは受け入れられないことに ………………… 5
- 3　政策パッケージでは抜本的に事業再生を行うことが求められている ……… 6
- 4　監督指針でも抜本的に事業再生を行うことが求められている ……………… 7

Ⅲ　倒産の根本原因は何か

- 1　倒産原因は売上げが減ったからではない …………………………… 13
- 2　会社は簡単に倒産させるべきではない ……………………………… 14

IV 会社再生の短期的な目標と中長期的な目標

1 資金ショートを回避する短期的な方法 …………………………………… 17
2 正常の会社にすることが最終目標 …………………………………………… 19
3 中長期的に正常な会社にするためには …………………………………… 20

V 倒産法の基本理念を理解しよう

1 倒産・再生のアウトラインを見てみよう ………………………………… 25
2 倒産法の基本理念 …………………………………………………………………… 26
3 債権者平等とは何か ………………………………………………………………… 27
4 債権者の満足を図る（詐害行為をしない）………………………………… 30
5 債権者の満足を図る（破産時よりも多くの回収を）…………………… 31
6 手続保障（情報公開）……………………………………………………………… 35
7 再生を目指すことが大原則 ……………………………………………………… 36

VI 出口戦略の具体策

1 会社再生の手法 ……………………………………………………………………… 39
2 検討すべき順序 ……………………………………………………………………… 40
3 リ・スケジュールのメリット・デメリット ……………………………… 41
4 第二会社方式（会社分割等）のメリット・デメリット ……………… 50
5 事業再生ファンド方式のメリット・デメリット ………………………… 61
6 サービサー方式のメリット・デメリット ………………………………… 67
7 民事再生のメリット・デメリット …………………………………………… 70

	8	破産や競売（+α）方式のメリット・デメリット …………… 78
	9	収益回復待ちスキーム ……………………………………… 83

VII　協議会等の公的機関の利用・スポンサースキームについて

	1	第三者の力を借りる方法もある ………………………………… 89
	2	公的機関を利用しての再生 ……………………………………… 89
	3	スポンサー型について …………………………………………… 98

VIII　こんな会社が倒産する・倒産しない会社にするためのQ&A

	Q 1	退職金規定の留意点 …………………………………………… 104
	Q 2	担保設定の要求 ………………………………………………… 106
	Q 3	保有不動産の処分について …………………………………… 108
	Q 4	メインバンクの意向に反した新規出店 ……………………… 110
	Q 5	新規事業を始める際の留意点 ………………………………… 111
	Q 6	M&Aで事業を売却する際の留意点 ………………………… 113
	Q 7	任意売却の留意点及び任意売却の流れ ……………………… 115
	Q 8	一部の取引先に過度に依存したビジネス …………………… 118
	Q 9	銀行返済を停止して，手形割引はどうするのか …………… 120
	Q10	株主間契約はどうなるのか …………………………………… 121
	Q11	銀行からの要求に応じるべきか ……………………………… 123
	Q12	預金ロックへの対応 …………………………………………… 126
	Q13	税金滞納と銀行への返済の優先順序 ………………………… 128
	Q14	風評被害 ………………………………………………………… 130
	Q15	弁護士等の専門家の選び方，留意点 ………………………… 131

- Q16　私的整理のスケジュール …………………………………………… 135
- Q17　法的整理のスケジュール …………………………………………… 139
- Q18　銀行説明会（バンクミーティング）はどのように進めればよいのか …… 142
- Q19　説明会後の金融機関との対応 ……………………………………… 145
- Q20　資金繰り表はどうやって作ったらよいのか …………………… 146
- Q21　事業計画はどうやって作ったらよいのか ……………………… 149
- Q22　どの程度の返済をするべきか ……………………………………… 151
- Q23　第二会社スキームの新会社，新旧会社の商号，本店所在地，契約関係，許認可，清算方法の留意点 ………………………… 152
- Q24　連帯保証人はどうなるのか ………………………………………… 154
- Q25　従業員の解雇 …………………………………………………………… 156

IX　会社再生に必要なのは人と人との信頼関係と社長の創意工夫

- 1　会社分割や民事再生は魔法の道具か？ ……………………………… 157
- 2　金融機関との信頼関係 …………………………………………………… 158
- 3　従業員との対話・信頼関係構築 ……………………………………… 159
- 4　社長の創意工夫と情熱 …………………………………………………… 160

X　倒産したらどうなるのか（あとがきにかえて）

- 1　会社が倒産してしまったら …………………………………………… 163
- 2　事業廃止の場合にはできれば破産手続をしたほうがよい ……… 163
- 3　従業員に何をしてあげられるか ……………………………………… 164
- 4　経営者と経営者の家族も法律によって守られている ……………… 165
- 5　おわりに …………………………………………………………………… 167

column

- 金融円滑化法の期限切れ終了によって倒産が急増するか ……………… 12
- 事業継続を諦めるべき場合とは ………………………………………… 15
- 短期的な資金繰り改善の留意点 ………………………………………… 23
- 民事再生でも商取引債権者を保護する ………………………………… 76
- 第二次納税義務には注意が必要 ………………………………………… 81
- 再生案件の専門家費用はどの程度を考えておけばよいのか ………… 133
- 同意が得られない場合はどうなっていくのか ………………………… 138

■ 金融円滑化法の出口論掲載のウェブサイト ……………………………… 169
■ おすすめ図書 ………………………………………………………………… 170

本文イラスト：田口雅絵

 経営危機への対応策

1 経営危機が迫っている

　2008年9月のリーマンショック以降の世界的景気低迷，その後の東日本大震災，さらにユーロ危機，円高・株安の影響など，ここ数年の中小企業を取り巻く外部環境は厳しい状況が続いています。

・売上げが落ち込んでしまい，赤字続きの会社の経営者
・翌月，翌週に資金ショートしそうな会社の経営者
・手形不渡りのリスクにおびえている経営者
・悩んだ末に個人でサラ金や親族から借入れを増やしてしまった経営者
・銀行等への支払いが遅れ，期限の利益を喪失させてしまった会社の経営者
・会社工場などが競売申立てを受けて，どうすればよいのか悩んでいる経営者
・悩みながらも税金や社会保険の滞納をしてしまった会社の経営者
・東日本大震災により被災し，損害を被ってしまった会社の経営者
・為替デリバティブの損失に苦しんでいる会社経営者

　それでも，中小企業者等に対する金融の円滑化を図るための臨時的措置に関する法律（以下，「金融円滑化法」といいます）があったため，リ・スケジュールは受け入れてもらいやすくなり，多くの会社が救われてきました。
　しかし，**金融円滑化法は平成25年3月末に切れることが見込まれています**。リ・スケジュールが出来なくなり，経営破たんに追い込まれる会社も出るでしょう。他方で，後述のとおり，漫然と過ごすのではなく，きちんと対応すれば会社再生は可能です。

2　経営危機は命の問題

　わが国の年間自殺者数は，3万人超で推移しており，このうち自営業者・家族従事者の自殺者数は約1割です。自殺の原因・動機は，事業不振が最も多いといわれています。

　経営者の方は，会社経営が苦しくなると，誰にも相談できず悩んでいます。経営危機は，命の問題といっても過言ではありません。

自営業・家族従業者自殺者の原因・動機別の割合（平成23年）

- 男女問題　1.6%
- その他　3.9%
- 勤務問題　5.7%
- 家庭問題　12.6%
- 健康問題　28.9%
- 経済問題　47.2%

※四捨五入の関係で100％にならない（警察庁調べ）
平成24年3月9日付内閣府自殺対策推進室 警察庁生活安全局生活安全企画課調べより要約

3　助けとなる本はたくさんあるが……

　書店には様々な本が，インターネット上には様々な情報があふれています。弁護士が書いた本（やホームページ記事）も色々とあります。

　弁護士の場合は，「破産」や「民事再生」関係の本が多いです。あと，最近は「会社分割」の本も出ています。どちらかというと堅い本が多いです。

　弁護士以外（コンサルタント，元銀行員）が執筆した本（やホームページ記事）は，民事再生以外の手法を書いていることが一般的です。

「融資を引き出す」

「リ・スケジュールの方法」

「資金繰り指南本」

など会社の倒産回避の具体的手法を書いてあるものもあります。中には会社分割を行えば，魔法のように会社が再生できると謳っている本もあります。

しかし，これらの本や記事は，自分の手法のよいところだけを強調している本や記事ばかりではないでしょうか。

でも実はあなたの会社や顧問先会社にはもっと適切な方法があるかもしれません。

金融円滑化法の出口戦略を書いた本や論文もいくつか出されています。

しかし，多くは金融機関の方向けの内容ですし，内容も難しく書かれているものが多く，経営者の方や顧問の税理士，弁護士の方向けとは言い難いのです。

本書は金融円滑化法終了後の銀行対応が不安な経営者の方や顧問税理士，弁護士の方向けに様々な再生スキームや金融円滑化終了後の出口戦略を説明しています。

4　間違った方向に走って行っても仕方ない

再生を目指す際は適切な手法（スキーム）を選択することが大事です。

間違った方向にいくら全速力で走っても，再生というゴールにたどり着くことは困難です。むしろ崖下に向かっているのかもしれません。

たとえていえば,軽い風邪のケースは,薬を飲んで安静にすべきであって,体を切り刻むような手術をすべきでないわけです。そんなことをしたら,かえって体の具合が悪くなってしまうかもしれません。

　逆に大きな腫瘍があるケースであれば,体力の回復を待つ必要はありますが,いくら寝ていてもよくなるわけはありません。体力を回復させて適切な手術を受ける必要があるわけです。

　病気の治療法と同じように,**会社再生の手法(「出口戦略」)についても,それぞれにメリットもあれば,デメリットもあるわけです。**会社の置かれた状況等により,取るべき手法(「出口戦略」)も違うはずです。中小企業の経営者は,自分の生活のことだけではなく,家族,従業員,取引先など守るべきものがたくさんあるはずです。だからこそどの再生手法(「出口戦略」)を取るべきか,経営者はよくよく考えるべきです。

　また,金融円滑化法の終了を過度に恐れず,適切な対応は何か冷静に考えるべきです。

 金融円滑化法終了への対応策

1 金融円滑化法の終了

　金融庁は，平成23年12月，金融円滑化法を1年延長する方針を決定し，公表しました。この延長は最後の延長であり，平成25年3月末には金融円滑化法の期限が到来し，終了することが見込まれています。

2 安易なリ・スケジュールは受け入れられないことに

　金融円滑化法の影響は大きく，これによって救われた会社は多々ありました。金融円滑化法の適用企業数の実数は明らかではないものの，30万社から40万社と推定されています。これは我が国の企業数400万社の10分の1にのぼります。

　金融機関に対するリ・スケジュール（貸付条件の変更）の申入れが受け入れられた割合（実行率）は9割を超えています。後述しますが，リ・スケジュールをすることにより，元金返済は0ないし少額になりますので，金融円滑化法は資金繰りが悪化した中小企業の倒産を回避する効果があったのです。

　しかし，リ・スケジュールは，第二会社方式のような債権放棄とは異なり，過剰債務は残ってしまうのです。いずれ元金を含めて借入債務を返済しなくてはなりません。

　金融円滑化法の趣旨としては，時間の猶予を得る間に業績改善に努めて，債務の返済が出来るようになることが求められていたわけですが，現実には，業績改善が進まず，漫然とリ・スケジュールを繰り返していた会社も少なくないでしょう。

　平成25年3月末の金融円滑化法の期限切れによって，安易にリ・スケジュールに頼ることが出来なくなるのです。

3 政策パッケージでは抜本的に事業再生を行うことが求められている

　金融円滑化法の期限切れによって，延命されていた中小企業のリ・スケジュールが受け入れられず，大量倒産が現実のものとなってしまうと，大変な事態となってしまいます。

　そこで，平成24年4月20日，内閣府・金融庁・中小企業庁は，連名で，「中小企業金融円滑化法の最終延長を踏まえた中小企業の経営支援のための政策パッケージ」を策定，公表しました（P169の1参照）。

　中小企業の経営改善・事業再生の促進等を図るため，以下の取り組みを強力に進めることとし，関係省庁・関係機関と連携し，早急にその具体化を図るとされています。

1　金融機関によるコンサルティング機能の一層の発揮
2　企業再生支援機構及び中小企業再生支援協議会の機能及び連携の強化
3　その他経営改善・事業再生支援の環境整備

　1の金融機関によるコンサルティング機能の一層の発揮の中では，以下の取り組みを行うとされています。

---

① 　各金融機関に対し，中小企業に対する具体的な支援の方法や取り組み状況等について集中的なヒヤリング（「出口戦略ヒアリング」）を実施する。
② 　抜本的な事業再生，業種転換，事業承継等の支援が必要な場合には，判断を先送りせず外部機関等の第三者的な視点や専門的な知見を積極的に活用する旨を監督指針に明記する。

　各金融機関はこの政策パッケージの公表を受け，再生が見込める企業と再生

の見込めない企業とに峻別するための作業を行っています。会社側は，漫然と過ごすのではなく，経営改善に努め，再生の見込めない企業と判断されないように努める必要があるのです。

　過剰債務を抱えているなど，抜本的な事業再生を図る必要がある会社の場合には，いつまでもリ・スケジュールなどでずるずると過ごして，**問題先送りをするのではなく，事業面・財務面の両面において抜本的な事業再生策を取ること**が求められているのです。

4　監督指針でも抜本的に事業再生を行うことが求められている

4-1　事業の存続可能性なしと判断されないように

　前述の政策パッケージに基づいて，平成24年5月には「中小企業者等に対する金融の円滑化を図るための臨時措置に関する法律に基づく金融監督に関する指針（コンサルティング機能の発揮にあたり金融機関が果たすべき具体的な役割）」が示されました（P169の2参照）。

　監督指針では，金融機関に対し，債務者（会社）の経営課題を把握・分析したうえで，適切な助言などにより債務者自身の課題認識を深めつつ主体的な取り組みを促し，同時に経営課題を解決するための方策を提案・実行することを求めています。

　監督指針によると，債務者（会社）の事業の存続可能性の判断基準としては，以下の基準で総合判断するとあります。

・債務者の経営資源，経営改善・事業再生等に向けた意欲，経営課題を克服する能力
・外部環境の見通し
・債務者の関係者（取引先，他の金融機関，外部専門家，外部機関等）の

協力姿勢
・金融機関の取引地位（総借入残高に占める自らのシェア）や取引状況
　（設備資金・運転資金の別，取引期間の長短等）
・金融機関の財務の健全性確保の観点

　外部環境の見通し，金融機関の状況など自社の努力では如何ともしがたい項目もありますが，**事業再生を目指すからには，金融機関に経営改善・事業再生等に向けた意欲を理解してもらい，事業の持続可能性が高いと理解してもらわなければならないわけです。**

　銀行対応を経理任せ，部下任せにするのではなく，経営者自らが自社の強み，経営課題，再生への意欲を語って，説得することが求められていると言えるでしょう。もちろん再生への意欲と言っても，単に頑張ると言うだけでは説得力がありません。経営課題を克服するアイデアや具体策を示すことが大事になってきます。

4-2　最適なソリューションの提案

　監督指針では，債務者の経営課題を把握，分析し，事業の存続可能性等を適切かつ慎重に見極めた上で，以下の3類型に分けて対応するよう促しています。

① 経営改善期にある債務者……何らかの経営改善が必要な債務者（自助努力により経営改善が見込まれる債務者など）
② 事業再生期にある債務者……事業再生や業種転換が必要な債務者（抜本的な事業再生策の実行や業種転換により経営の改善を図るべき債務者など）
③ 事業整理期にある債務者……事業の存続可能性が見込まれない債務者（事業の存続がいたずらに長引くことで，かえって，経営者の生活再建や当該債務者の取引先の事業等に悪影響が見込まれる債務者など）

Ⅱ　金融円滑化法終了への対応策

　事業の持続可能性等に応じて提案するソリューション（例）は以下のとおりとなっています。

事業の持続可能性等の類型	金融機関が提案するソリューション	外部専門家・外部機関等との連携
経営改善が必要な債務者 （自助努力により経営改善が見込まれる債務者など）	・ビジネスマッチングや技術開発支援により新たな販路の獲得等を支援するほか，貸付けの条件の変更等を行う。	・中小企業診断士，税理士，経営相談員等からの助言・提案の活用（第三者の知見の活用） ・他の金融機関，信用保証協会等と連携した返済計画の見直し ・地方公共団体，商工会議所，他の金融機関等との連携によるビジネスマッチング ・産学官連携による技術開発支援
事業再生や業種転換が必要な債務者 （抜本的な事業再生や業種転換により経営の改善が見込まれる債務者など）	・貸付けの条件の変更等を行うほか，金融機関の取引地位や取引状況等に応じ，DES・DDSやDIPファイナンスの活用，債権放棄も検討。	・企業再生支援機構，中小企業再生支援協議会等との連携による事業再生方策の策定 ・企業再生ファンドの組成・活用
事業の持続可能性が見込まれない債務者 （事業の存続がいたずらに長引くことで，却って，経営者の生活再建や当該債務者の取引先の事業等に悪影響が見込まれる債務者など）	・貸付けの条件の変更等の申込みに対しては，機械的にこれに応ずるのではなく，事業継続に向けた経営者の意欲，経営者の生活再建，当該債務者の取引先等への影響，金融機関の取引地位や取引状況，財務の健全性確保の観点等を総合的に勘案し，慎重かつ十分な検討を行う。 ・その上で，債務整理等を前提とした債務者の再起に向けた適切な助言や債務者が自主廃業を選択する場合の取引先対応等を含めた円滑な処理等への協力を含め，債務者や関係者にとって真に望ましいソリューションを適切に実施。 ・その際，債務者の納得性を高めるために十分な説明に努める。	・慎重かつ十分な検討と債務者の納得性を高めるための十分な説明を行った上で，税理士，弁護士，サービサー等との連携により債務者の債務整理を前提とした再起に向けた方策を検討

注目されるのは，事業再生が必要な債務者への対応策に債権放棄を明記している点です。政策パッケージでも書かれていましたが，問題の先送りをすることなく，抜本的な事業再生策を講じることを求めていると言えるのです。事業再生策の具体策はⅥの「出口戦略の具体策」を，再生支援協議会等の公的機関についてはⅦの「協議会等の公的機関の利用・スポンサースキームについて」をご覧ください。

　事業整理期にある債務者とは，たとえば
・本業が極度の不振に陥っており，売上げの向上策が見当たらず，赤字が続いている会社
・経営改善計画の策定が困難視される会社
・適切な融資取引継続のための信頼関係が欠如，崩壊しているような会社
を指すと思われます。
　監督指針では，これらの会社に対しても積極的な取り組みを行うとしておりますが，具体策は明らかではありません。廃業を促されるケースが考えられますが，再生の具体策は見えてきません。
　もっとも，事業整理期にあると判断される会社であっても，安易に倒産（破産）をして，従業員を解雇すべきではないはずです。
　確かに何の策もないのであれば，事業整理（廃業）を考えざるを得ませんが，その場合でも，事業や資産を第三者に残し，従業員の雇用の一部だけでも残す余地はあるはずです。その方が取引先への迷惑も小さくて済むでしょう。その他，詳細はⅥの「出口戦略の具体策」で説明しますが，サービサーへの債権譲渡とその後の債権買取の方法など，様々な解決策があるはずです。
　ましてや事業改善の余地があるにもかかわらず，③事業整理期にある債務者と判断されて，廃業してしまうのはもったいないと言えます。これまで以上に経営改善への意欲と事業の持続可能性を高め，金融機関に理解してもらう努力をすれば会社や事業を残し，従業員や取引先を守れるかもしれないのです。

4-3　真の経営改善策，事業再生策を取ることが大事

　以上，見てきたように金融円滑化法の出口戦略として述べられている政策パッケージを見ても，監督指針を見ても，会社側には経営課題や問題の先送りではなく，真の経営改善策，事業再生策を取ることを，金融機関にはそれなりの覚悟を求めていると言えます。

　事業整理にあると判断される会社については，再生についての具体策が論じられていないため，会社自らが（時には弁護士などの専門家と協議しながら），再生の具体策を考えなければならないのです。

　ちなみに金融円滑化法の出口戦略で論じられている会社再生に向けての議論は，今に始まった話ではありません。

　会社再生を進めるうえで，問題の先送りをすることは不適切と言えます。会社は真の経営改善策，事業再生策を取ることが必要であり，経営者は事業内容の改善に取り組むこと（そのためには大前提として，経営者の意識改革，再生への意欲が不可欠）が必要なのです。さらに過剰債務を抱えているなどの経営問題があれば，それに加えて，財務内容の改善（債権カットを含む）に取り組むことが必要になってくるのです。このような話は今に始まったものではなく，言わば当たり前のことを言っていると評価すべきなのでしょう。

　もっとも，会社側が適切な案を提示できれば，金融機関もこれまで以上に強い覚悟をもって再生に協力してくれるはずです。再生専門の弁護士など適切な専門家に相談し，必要に応じて，適宜，再生支援協議会などの外部機関を活用することで，真の再生を目指すことが可能な時代になったと言えるでしょう。

> **POINT**　金融円滑化法の出口戦略を述べている政策パッケージや監督指針は，経営者に真の経営改善策，事業再生策を取ることを求めている。

column 金融円滑化法の期限切れ終了によって倒産が急増するか

　金融円滑化法の期限切れ終了によって，安易なリ・スケジュールに頼ることが出来なくなると言いました。何の計画も立てないで，安易にリ・スケジュールが認められる時代は終わりを迎えるということです。今後は実現可能性の高い抜本的な経営改善計画（「実抜計画」ということがあります）を策定することが求められるのです。

　しかし，厳しい外部環境のもと黒字化の絵を描くことが出来ない会社，つまり経営改善計画を策定できない会社，折角立てた計画を達成できない会社も少なくないと言われています。このような会社は5～6万社と推計されています。

　そこで，金融円滑化法の終了によって，金融機関が手の平を返したように冷たい対応を取ったら大変な事態となってしまいます。たとえば，リ・スケジュールには一切応じないとか，貸し渋り・貸しはがしを行ってしまっては，多くの会社が倒産に追い込まれてしまうからです。また，円滑な資金供給に努めるという金融機関の務めにも反するものです。中小企業再生支援協議会がこれまでより多くの案件を対応すると言っても，おのずと限界があります。

　そこで，**平成24年11月1日に「金融担当大臣談話」が出されました**（P169の3参照）。「金融担当大臣談話」では，金融円滑化法の期限切れ後も，貸し渋り・貸し剥がしの発生や倒産の増加といった事態が生じないよう，貸付条件の変更等に努めるよう促すとあります。また，経営改善計画が1年以内に策定できる見込みがある場合等は不良債権に該当しない（リ・スケジュールの申入れが不良債権とならないための要件は恒久措置である）ことをはっきり明記しています。

　また，**平成24年12月14日に「中小企業支援ネットワークの構築について」も発表**されました（P169の4参照）参照）。政策パッケージで謳われる前から，京都では信用保証協会，金融機関，再生支援協議会をはじめとする関係機関を一体となって再生の取り組みを進めており，この取り組みを全国に広げるものになります。研修を行うこと，関係機関の関係者の意見交換の場を構築することを目指しており，中小企業の経営改善・事業再生の場として発展することが期待されています。

　根拠なく金融円滑化法の期限切れで倒産が急増すると不安を煽る方，記事もあるかもしれませんが，様々な手が打たれています。経営改善計画が1年以内に策定できる見込みがあれば，不良債権に該当しないのです。また，金融円滑化法の期限切れということだけで倒産を考えるのはもったいない話です。不安を煽る誤った情報に踊らされて，倒産という誤った選択をしないことが大事です。

 倒産の根本原因は何か

　金融円滑化法の出口戦略として，事業再生策の具体策（Ⅵの「出口戦略の具体策」）を早く知りたいと思われる方も多いでしょう。
　しかし，その前に足元をしっかりと見ることが大事になってきます。
　再生の具体策を見る前に倒産してしまっては元も子もありません。どうして会社が倒産するのか，まずは倒産の根本原因は何かを知ることが必要です。

1　倒産原因は売上げが減ったからではない

　倒産というのは会社が事業活動を停止してしまうことをいいます（ここでは民事再生など事業継続しているもの，再生を目指す手法は必ずしも倒産と捉えていませんので，ご注意ください）。
　そもそも倒産はどうして起きるのでしょうか。
　経営者の方からは，売上げが減ったからとか銀行の負債が多すぎるからという話をよく聞きます。
　確かにそれらが間接的な要因になったことは間違いないでしょう。
　でも，直接の原因といえるでしょうか。

　売上げが減っていっても，資金が続けば事業継続はできるでしょう。減価償却費が多額で赤字が続いていても，資金自体が持つのであれば，事業継続はできるでしょう。また，いくら銀行の負債が多くても，毎月の返済額を減らしてもらえれば，資金は持つので，事業継続はできるでしょう。
　つまり，倒産の直接的な原因は，「売上げが減った」からでも，「赤字経営」だからでも，「過剰債務」だからでもないはずです。

　では，倒産の直接の原因は何でしょうか。

倒産に陥るのは，ただ１つ，資金がなくなってしまうからです。

　資金がなくなれば，仕入れもできませんし，従業員への給料も支払えなくなり，事業継続は無理になってしまうからです。

　人間でいえば，血液が足りなくなってしまって，体が動かなくなることを会社でいえば倒産というのです。

　逆にいえば，資金がつまらない限り，原則的には事業継続できるのです。

　会社経営者は，どんなことがあっても，「資金ショート」しないという意識を持ち，どうすれば「資金ショート」をしないのかを逆算して考えていけばよいのです。

２　会社は簡単に倒産させるべきではない

　会社には，仕入先，販売先，従業員，金融機関などの多数の人がかかわっています。ステークホルダーともいいます。

　貴社の仕入先は，貴社がつぶれてしまうと，お得意先を失ってしまうわけです。

　販売先も貴重な仕入れルートを失うわけです。

　貴社の従業員は大切な職場を失ってしまいます。

　貴社の商品やサービスを楽しみにしているお客様も喜びを失ってしまいます。

　銀行など債権者は，債権回収が満足にできなくなってしまいます。

　会社はその存在自体が公的な存在です。役職員，その家族，取引先，消費者みんなの色々な思い出の場所でもあります。従業員の雇用維持，商圏の維持，地域経済の保護など会社存続の意義は大きいはずです。

会社は存続することだけでも，十分に価値があるのです。

　ですから，いくら売上げが減っても，赤字でも，債務超過でも，債権者から罵倒されても，何があっても，簡単には事業継続を諦めるべきではないのです。

column 事業継続を諦めるべき場合とは

　簡単に事業継続を諦めるべきではないといいましたが，すべての会社が事業存続すべきというのは少々誤解を招く表現かもしれません。
　赤字状態が継続しており，赤字状態の改善が一向に進まない会社の場合（黒字化達成がどうやっても難しい場合），事業を続ければ続けるほど，せっかくの手元資金を日々減らしてしまうことになるわけです。そのような会社は早期に破産処理したほうが債権者にとっては，債権回収額が多くなり合理性があるといえるでしょう。前述した金融円滑化法の出口戦略でも事業の持続可能性が見込まれない債権者（会社）は，整理（廃業）を前提とした方策を検討することとされています。
　従業員の賃金未払いが多額に上る会社や退職金の発生が見込めるものの支払いの目途が立たない会社の場合，（資金をほとんど持たない）会社が生き残っても，会社にお金がない以上，未払賃金や退職金の支給を満足に受けられないわけです。
　しかし，会社が早期に破産してくれた場合，従業員は「未払賃金立替払制度」を利用することによって以下のように上限はありますが，未払賃金（退職金も含みます）の8割を立替払いしてもらえるわけです（詳細は独立行政法人労働者健康福祉機構のウェブサイトをご覧ください）。

退職日における年齢	未払賃金総額の限度額	立替払上限額
45歳以上	370万円	296万円
30歳以上45歳未満	220万円	176万円
30歳未満	110万円	88万円

　倒産した場合，従業員は満額とはいえないまでも一定の未払給与や退職金を受給できますので，今後，会社が再生してきちんと退職金を支給できる目途が立たない場合には，会社が破産してくれたほうが従業員は救われるという関係になるわけです。
　このような個別の事情如何によっては，早期に破産手続を行うことが「正義」である場合もあるでしょう（ただし，その場合でも破産前ないし破産手続の中での事業譲渡等，より適切な手法もあるかもしれません（78頁参照）。倒産や再生の処理に詳しい弁護士に相談し，慎重な検討をすべきです）。

IV 会社再生の短期的な目標と中長期的な目標

倒産だけ回避すれば良いというものでもないはずです。金融円滑化法の出口戦略でも問題の先送りをすることは適切ではないとされていますが，会社再生の目標（出口）をどこに置くべきかしっかり考えてみましょう。

1 資金ショートを回避する短期的な方法

「倒産」＝「資金ショート」なわけですから，社長自身が頭を振り絞って考えて，専門家と相談しながら，「資金ショート」回避の方法を考えていくべきです。

倒産を回避するためには，まずは「資金ショート」を回避する方法を考えればよいわけです。

資金ショートを回避するためには，**入りを増やして，出を抑える，つまり入ってくるお金を増やして，出てしまうお金を減らせばよい**わけです。

入ってくるお金を増やす1つの方法は，売上増加です。
これは社長や幹部従業員が頭を捻って，一番に考えるべきことです。
会社の強み・弱みを分析して，強みは何なのか。その強みを活かして，もっとアピールできないかというスタンスで考えることになります。
また，お客さんが何を望んでいるかという方向から考えるのも重要です。お客さんが望んでいるニーズをよくよく考えてサービスや商品力アップを考えるのです。

もっとも入ってくるお金を増やすというのは，売上増加だけではありません。
確かに，売上増加の結果，入ってくるお金が多ければそれで結構です。また，

それこそ本筋です。

　でも，地方都市にいて，パイが限られていてどうやってもそれ以上ニーズを掘り起こせない場合もあるかもしれません。そこで，売上増加だけでなく，それ以外の方法での入金増も考えるべきです。

　たとえば，お金の入りを増やす方法として，銀行等からお金を借りる，売掛金の回収サイトを早めてもらう，手形割引を利用することが考えられます。余剰資産として残してある有価証券や不動産を換価する，定期預金を解約するなどの方法も考えられます。

　取引業者と交渉して，売掛金の入金サイトを30日早めてもらうだけで大きな効果があります。たとえば，売掛金の入金サイトが60日の会社があります。売掛金の残は1億円あるとします。それが半分の30日になったら，売掛金の半分は会社に入ってきますので，資金繰りは5,000万円もプラスになるのです。これは銀行から5,000万円を無利息で借入れをしたのと同じことになります。

　また，多くの経営者はお付き合いで定期預金を預けていることが多いと思いますが，これを解約して運転資金にまわせば相当資金繰りは楽になるはずです。

　他方で，お金の出を減らす方法としても，経費削減に取り組むのは大事ですが，それだけでなく，銀行への返済を止める，取引業者さんへの買掛サイトを延ばしてもらうこと，余剰資産や定期預金を解約して銀行返済に回して金利の支払いを減らすことも検討すべきです（ⅧのQ3参照）。

　ちなみに定期預金の解約をすることで銀行借入金を返済する場合の効果は大きいといえます。なぜなら，定期預金には利息はほとんどつかないのに対して，貸付金には一定の利息が生じるからです。

　たとえば，ある銀行に3億円の借入れをしていて，金利が3％だとします。定期預金は5,000万円預けていて，金利が0.1％だとします。1年間この状態が続くと仮定すると，会社は次の図のとおり，900万円の金利支払いを余儀なくされてしまうわけです（3億円×3％）。他方で，定期預金の利息収入は5万円にしかなりません（5,000万円×0.1％）。差引きすると，当該銀行への支払額

は895万円にも及びます（900万円－5万円＝895万円）。

　他方で，定期預金5,000万円の解放を受けて，銀行返済に充てると，金利の支払額は750万円に減ります（2.5億円×3％）。他方で，定期預金の利息収入はなくなりますが，たかが5万円です。

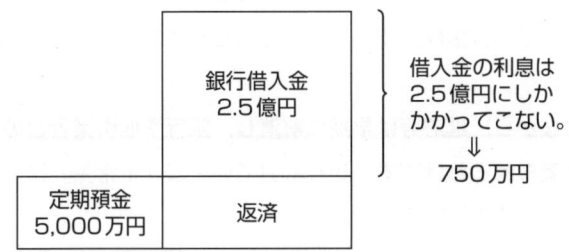

　このように定期預金を返済に回すだけで当該銀行への支払額は895万円から750万円に145万円も減るのです。その分，会社の収益力が上がり，結果的に流動性の現預金残高も増えることになるのです。

2　正常の会社にすることが最終目標

　一時的に資金ショートを免れても，会社の事業自体が赤字続きであれば，事業を続ければ続けるだけお金が出てしまうことになります。
　そうすれば，いずれ資金はショートしてしまいます。単に延命策にすぎなかったことになります。

延命策の過程で親族からの借入れを増やし，親族付き合いまで失ってしまうかもしれません。また，余剰資産を換価したり，定期預金を換価することは大事ですが，会社の収益力が回復しなければ，もともとあった会社資産を食いつぶすだけになってしまいます。

最終的に倒産となった場合，これまで以上に多くの関係者に迷惑をかけることになりかねません。

そこで，単に延命策を講じるだけでは，時間稼ぎ程度の意味はありますが，それ以上の意義はありません。延命の結果，多くの関係者に迷惑をかけるだけでは延命の意義・合理性は乏しいと言わざるを得ないでしょう。出口戦略で論じられているように早期に整理（廃業）すべきだったということになります。

再生したというためには，他の正常な会社と同様に，きちんと利益を上げられる仕組みを作り，資金繰りでいえば，きちんと経常収支がプラスになることが大事です。

当然のことながら，延滞等は早期に解消し，銀行や取引業者との関係も正常に戻すことが望まれるわけです。銀行取引でいえば「正常先」にランクされるようになることが望まれます。

きちんと利益が出て，安定した状態になれば，再び，会社が倒産の危機に陥ることはないでしょう。

ですので，**中長期的には，会社を正常の状態に戻すこと，これを究極的な目標にすべきです。**

3 中長期的に正常な会社にするためには

3-1 経常収支（CF）の改善

現状の会社が銀行返済を滞りがちになっていたり，利払いしかできないのであれば，それは「正常な会社」とはいえません。ましてや取引業者や税金への返済まで滞りだしたら，早急に対処が必要な会社といえます。

多くのケースでは，会社がこのような厳しい状況に陥ったのは，過去に何らかの問題があったからにほかなりません。

そこで，**会社が倒産の危機に瀕するに至った原因（窮境原因）を突き止めて，その原因を除去することが必要です。**

たとえば不採算店舗や不採算事業があるのであれば，早期に当該店舗や事業の閉鎖に取り組んだり，当該店舗や当該事業の黒字化に取り組まなければなりません。

もっとも窮境原因の除去だけで利益が上がれば問題ありませんが，経済環境の厳しい現代においてはそれだけでは難しいことも少なくありません。

そこで，会社の商品やサービスの価値を高めて，他社との差別化を図る必要があります。そのためにはどうすればよいか，経営者自身が頭をひねって考える必要があります（ⅧのQ21参照）。

無用な経費については，削減も必要ですが，従業員を解雇するのにはモチベーション低下などの問題のほか，労働法上の諸問題もクリアする必要があります（ⅧのQ25参照）。

3-2　過剰債務の解消

このようにして事業の再構築を図って，金融機関への約定返済が無理なくできるようになればそれで問題は解決したといえます。

もっとも，どうやっても負債が重たすぎて，会社を正常な状態にもっていくのが不可能な場合には，手術を受けて，過剰債務という重しを取り除くことも必要になってくるでしょう。

民事再生や第二会社方式による債務カットのスキームが必要になるわけです。このことを**「財務内容の抜本的改善」**ということもあります。

このように会社再生と一口でいっても，**倒産回避＝資金ショート回避**という「短期的な目標」に加え，経常収支を改善させて，有利子負債額を適正な規模にして，「正常な会社」にさせるという中長期的目標という２つのゴール（目指すべき場所）があるわけです。イメージ的には次頁のとおりです。

資金ショート必至で倒産の危機に瀕している会社の事業再生の全体像

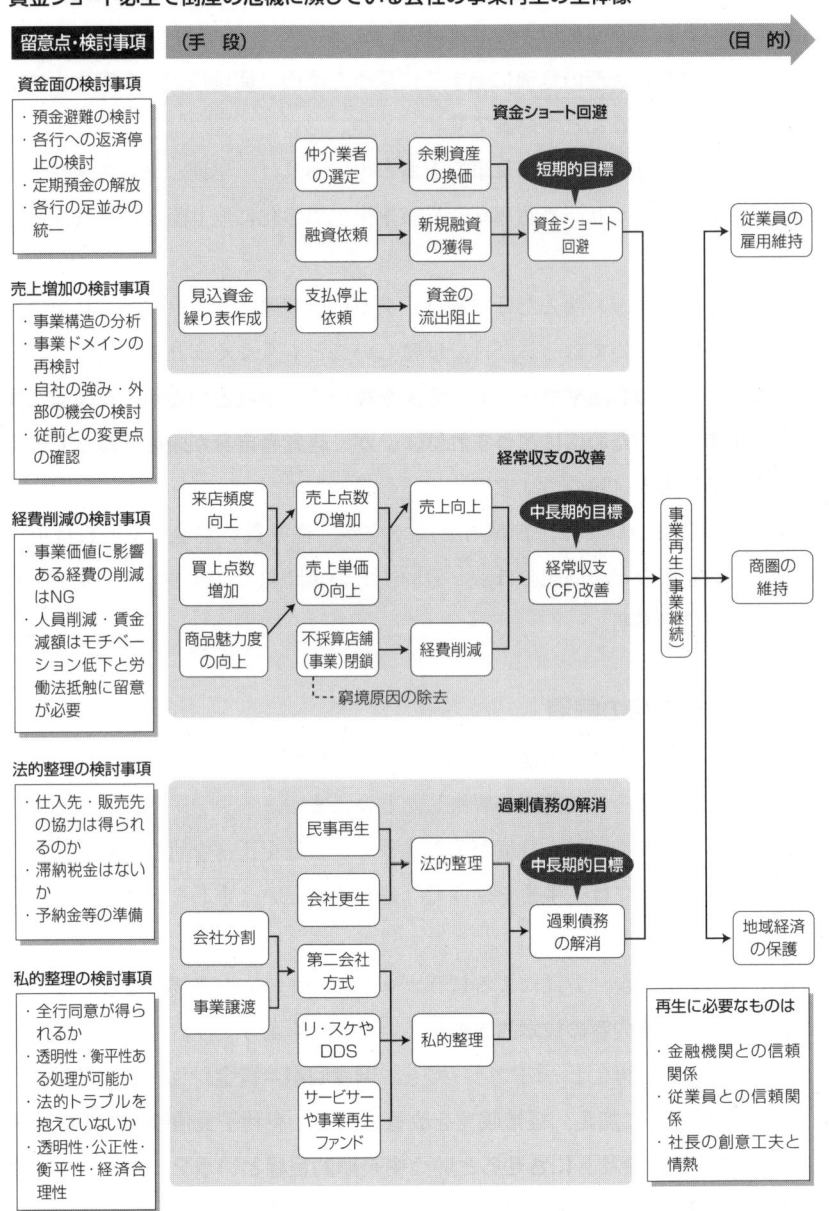

column　短期的な資金繰り改善の留意点

　倒産を回避するために資金繰り改善の方策を取ることが大事です。
　それでも，①無理しすぎないこと，②期限を区切ること，③資金繰り表の作成・管理の3つには特に留意しましょう。

1．無理しすぎてはいけません。

　たとえば，業者さんに無理なお願いをして，信用不安を起こすなどして事業価値を毀損しないように気をつけることが必要です。無理に売掛金の入金を急ぐようにお願いすることでお客様が離れてしまっては元も子もありません。
　また，経費削減の一環として人件費削減をお願いする際にもモチベーションと労働法規に十分に留意して，従業員に十分に説明を行って，慎重に行うことが大事です。日本の労働法制は安易な解雇や労働条件の切下げを許していません。また，従業員の理解なく人件費削減を進めて，従業員が離散してしまっては，それこそ事業存続が難しくなります。
　経営者自らの役員報酬削減も大事ですが，ご自身の家族が生活できないレベルまで落とすのはやりすぎです。家族の生活が壊れてしまっては，何のための再生かわからなくなってしまうでしょう。必要な生活費分の役員報酬は受け取ることにしましょう。

2．資金繰りの改善として，やるときは期限を区切ることとスピードが大事です。

　もちろん中長期的にお願いできる事柄もありますが，人件費削減や銀行への支払延滞など長い時間お願いできない事項も多々あります。
　きちんと期限を区切って，スピード感をもってその間に事業構造の改革を行うことが大事です。

3．資金ショートがしないようにチェックするためには，前提として，資金繰り表を作成し，資金繰りを管理することが必要です。

　支払いの優先順位は，①従業員の給料，②手形決済，③買掛金の支払い，④租税公課，⑤銀行返済（利息⇒元本）の順序です。まずは，金融機関の元本返済を停止して，事業継続ができないかチャレンジしてみることになります。資金繰り表の作成方法については，拙著「私的再建の手引き」8章に詳しく書いていますので参考になさってください。

V 倒産法の基本理念を理解しよう

　再生の具体策を進めていく上では，色々と悩ましい問題が出てくるはずです。その時にどう対応するべきか，倒産法の基本理念を確認しておくことが大事になってきます。

1 倒産・再生のアウトラインを見てみよう

　会社経営が厳しい局面に陥った際に，経営者は2つの道を選ぶことができます。会社を畳むこと（清算・廃業），残すこと（再生）の2つです。

　会社を畳む（清算する）手法としては，裁判所を使う法的手法として「破産」と「特別清算」があります。

　裁判所を使わない手法として，「何もしない（放置）」方法と「私的整理」といって個別和解を行う方法があります。

　会社を残す（再生）手法としては，裁判所を使う法的手法として「民事再生」，「会社更生」があります。

　裁判所を使わない手法として，「私的整理」（私的再建）という手法があります。

　私的整理（私的再建）の内訳は，リ・スケジュール，第二会社方式，サービサー方式，事業再生ファンド方式などがあります。公的機関として，中小企業再生支援協議会や企業再生支援機構等の公的機関を活用することもできます（Ⅶ　協議会等の公的機関の利用・スポンサースキームについて参照）。

　競売手続や破産手続を利用して，一旦現法人は清算しつつ，事業だけを残す方法も考えられます。

また，どの手法も難しい場合には，長い時間をかけて再生を目指す方法もなくはありません。以上を図示すると次の図のとおりです。

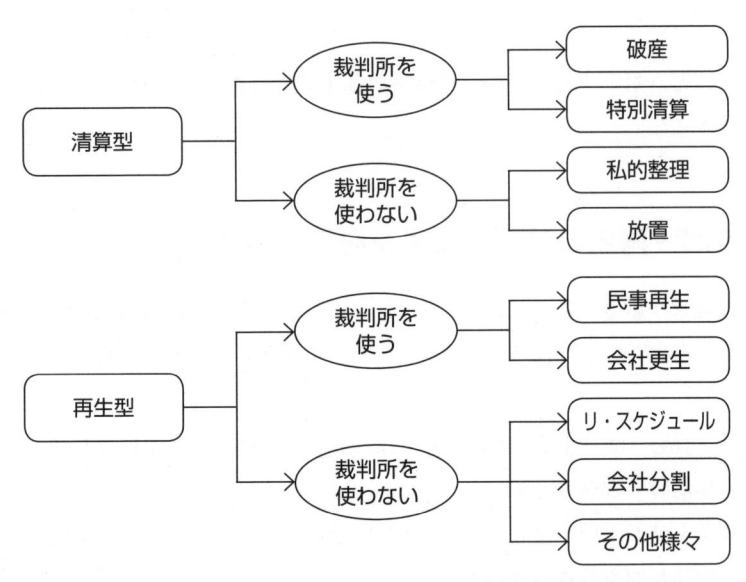

```
清算型 ─┬─ 裁判所を使う ──┬─ 破産
        │                  └─ 特別清算
        └─ 裁判所を使わない ┬─ 私的整理
                            └─ 放置

再生型 ─┬─ 裁判所を使う ──┬─ 民事再生
        │                  └─ 会社更生
        └─ 裁判所を使わない ┬─ リ・スケジュール
                            ├─ 会社分割
                            └─ その他様々
```

※ 裁判所を使わない再生手法のことを私的再建（私的整理）といいますが，再生支援協議会など公的機関を活用する（公表された準則に基づく）私的整理もあります。そこで，裁判所を使わない再生手法も公的機関を活用するものとそうでないものの2種類に分けることもできます。

中小企業の経営者は，会社を畳むのか（廃業），残すのかに加え，残す場合でもこのような多様な選択肢の中から再生の手法を検討することになるのです。

2　倒産法の基本理念

このようにたくさんの再生手法（「出口戦略」）があるわけですが，会社経営が厳しい局面は，通常の会社経営の局面とは異なる点に注意が必要になります。

会社経営が厳しいとは，たとえば実質的には大幅な債務超過であるとか，10年20年で返せない過大な債務を負っているとか，経常赤字が続いているとか，

資金繰りが厳しく抱えている負債を返済することが困難な会社をいいます。

このような局面はいわば倒産に近い局面ですから，通常の会社で許されることでもやってはいけないことがあるのです（法的には「支払不能」と判断される可能性の高いケースです）。

通常の会社だからいいだろうで進めてしまうと，あとで大きなダメージを受けてしまいかねません。

どのような行為をしてよいのか悪いのかを理解するためには，倒産法の基本理念を理解することが先決です。

そこで，まずは倒産法の基本理念を見てみましょう。**会社経営が厳しい局面に立つときは，倒産法の基本理念に立ち返って処理を行うと，適切な処理ができるはずです。**

破産法や民事再生法といった倒産関係の法律では，以下の4つの基本理念が重要とされています。

倒産法の基本理念

① 債権者間の公平性・平等性（債権者平等）

② 債権者全体の満足を最大化させる

③ 公正な手続保障

④ 債務者の再生

3　債権者平等とは何か

破産法や民事再生法という倒産法の理念が活きる局面では，税金や労働者の未払給与などの優先される債権は別として，**一般の債権はすべて平等に取り扱う**というのが大原則です。

たとえば，破産時の配当は平等になされます。
　また，民事再生の再生計画案でも，原則として平等であることが求められています。
　ただし，民事再生の場合には，「債務者の再生」という別の基本理念による修正を受けており，形式的平等ではなく，実質的平等であることが求められます。つまり，再生の局面では，一定の少額債権は弁済することが債務者の再生に適しますので，形式的平等は貫かれていないのです。

　このように倒産局面では，債権者平等が重要な基本理念とされていますので過去になされた債権者不平等な行為（たとえば，特定の親族への弁済や特定の債権者への担保設定）などは事後的に取り消されてしまうことがあります（「否認権」という権利によって取り消されてしまうのです）。

　では，どうして債権者平等は大事なのでしょうか。
　理由は，債権というのは金額や返済期間に差こそあれ，権利としては同じものだからです。どちらが優先するとかしないというものではないからです。
　それにもかかわらず，声が大きい者や強欲の債権者だけが優先的に債権回収できるとなったら，みんな我先にと債権回収を図ることになってしまいます。一部の債権者だけが全額弁済を受けていると知ったら，債務者に協力する債権者が出てくるはずもありません。

　債務者の立場に立つと，日々，「貸したお金を返せ」などと言われて，追い立てられている状況になって，再生を目指すことはとても無理でしょう。

　すべての債権者を平等に取り扱うと法律が決めるからこそ，債権者も納得感が得られますし，平等な返済は受けられるとして安心するのです。ひいては，社会は安定しますし，債権者も無理な債権回収を行わないで済み（無用な回収コストの減），社会経済上も合理的なわけです。

もちろん債権者平等原則は，破産や民事再生という法律の世界の話です。
　一見，破産や民事再生以外の局面，つまり法律を使わないで再生を目指す私的整理の局面では無関係にも思えます。

　しかし，会社経営が厳しい局面に陥った時には，いつ破産や民事再生に切り替わるかわかりません。また，厳しい局面に陥った場面は，破産や民事再生の精神が生きる場面ともいえます。

　常識的に考えても，債権者不平等な計画で，債権者の信頼を勝ち得ることはできません。たとえば，親族や特定の金融機関は長年の付き合いだから，全額弁済し，それ以外の金融機関は1円も支払わない，そんな計画で他の債権者の理解を得られるわけがありません。

　ですから，会社の資金繰りが厳しいなど経営が苦しい局面に陥ってしまった場合には，この債権者平等原則（私的整理の場合には，金融機関間の平等）はとても大事ということは覚えておいてください。

4　債権者の満足を図る（詐害行為をしない）

　債権者の満足を図るというのは，逆にいえば，債権者を害する行為（詐害行為）をしてはいけないとも言い換えることができます。

　詐害行為というのは，たとえば会社資産を無償で親族に譲渡（贈与）してしまうとか，100万円の価値ある資産を10万円で譲渡してしまうような行為をいいます。

　もちろん全く会社経営に問題がない時に，会社資産を贈与したり，安い値段で譲ることは法的に全く問題ありません（もちろん税金が生じてしまうなど税務上の問題はあります）。
　しかし，会社が実質的に債務超過に陥ってしまうとか，資金難に陥ってしまう状態になってから，会社の重要な資産を贈与してしまうなどの詐害行為をしてしまうと，結果的に債権者は詐害行為前よりも回収できる金額が減ってしまいます。
　ですので，法律は，このような行為は詐害行為として取消の対象になると規定しています（民法424，破産法160，161参照）。

　何よりも詐害行為をしていて，債権者の理解を得られるわけがありません。再生を目指すことは極めて厳しくなると言わざるを得ません。
　詐害行為は厳に慎むべきですし，仮にしていた場合には早期にもとに戻しておくべきです。

5 債権者の満足を図る（破産時よりも多くの回収を）

　再生を目指す局面では，破産時の回収を上回る再生計画（返済計画）を立案しなければならないとされています。破産時の回収を下回る内容であれば，債権者を害してしまうので，そのような計画は許されていません。このことを**清算価値保証原則**といいます（民事再生法174②四参照）。
　清算価値保証原則は，債権者全体の満足を満たすために必要な原則です。

　ここで，誤解を受けがちなのは，この**清算価値保証原則というのは，返済額の最低限を画する基準であり，十分条件ではない**ことです。
　清算価値（つまり，破産時の価値）以上の計画を立てればどんなに低い弁済しかない計画でもよいわけではないのです。

　本当にもっと多くの返済ができるのであれば，清算価値を上回る金額を支払

うべきでしょう。私的整理（私的再建）の場合は，**一般論として，会社の事業価値程度は支払うべき**です。逆にそのような計画でないと，債権者の理解も得られないはずです。

　ここで事業価値というのは，当該会社の事業を客観的に判定して，第三者に売買する場合に付く値段といってもよいでしょう。

　算定方式には色々な手法がありますが，資産と負債の差額で考える純資産法の考え方と，将来のフリーキャッシュフロー（FCF）を現在の価値に引きなおして算定するDCF方式で算定する方法が代表的な手法といえます。

　たとえば以下の会社の場合，会社が倒産（破産）した時に，債権者は10%の配当を受けることが可能です。

　金融機関の債権は固定負債7億円と流動負債のうち1億円とします。そのうち，固定負債7億円のうち1億円は担保でカバーされている部分とします。

　そうすると，金融機関は固定負債6億円と流動負債1億円の合計で7億円の破産債権を持っていることになります。破産するのにも破産管財人報酬などの手続（清算費用），未払いの労働債権（即時解雇，手当，退職金等），租税公課など優先的に支払うべき債務があります。そこで（下記図のとおり），無担保部分の破産債権の配当額としては7,000万円になるわけです（7億円×10%＝7,000万円）。

【倒産時】

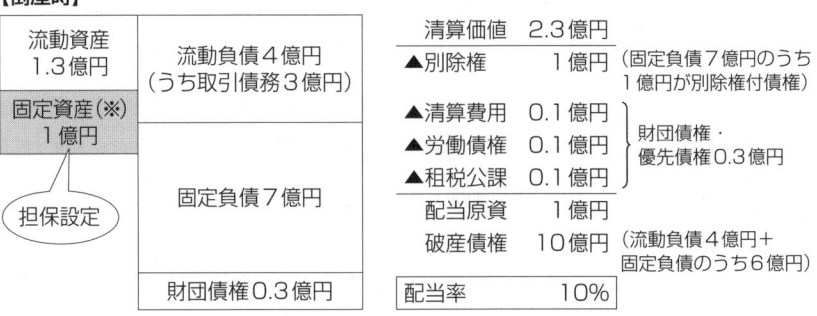

流動資産 1.3億円	流動負債4億円 （うち取引債務3億円）
固定資産(※) 1億円 （担保設定）	固定負債7億円
	財団債権0.3億円

清算価値	2.3億円	
▲別除権	1億円	(固定負債7億円のうち1億円が別除権付債権)
▲清算費用	0.1億円	財団債権・優先債権0.3億円
▲労働債権	0.1億円	
▲租税公課	0.1億円	
配当原資	1億円	
破産債権	10億円	(流動負債4億円＋固定負債のうち6億円)
配当率	10%	

※　固定資産は金融機関（固定負債）に担保設定

もっとも，上記の会社も正常時であれば，保有資産の価値はもっと高かったはずです。たとえば不動産は正常な値段の方が競売時よりも高く売買できますし，在庫等の資産も破産時よりも高く売れるはずです。

つまり，破産という特殊な状態に置かれて会社の資産価値が低く評価されている側面もありますので，破産時配当を上回る計画だから直ちによい計画と言い切れない面もあるのです。

下記の図のとおり，倒産局面でなければ，会社の資産を実質的に評価すると5億円あるなどもっと高い価値があるケースもあるでしょう。この図を前提にして，ひとまず金融債務を置いて，金融債務以外の負債と当該会社の資産を第三者に売却する計画を練ってみることにしましょう。

「純資産法」といって，会社の純資産が事業価値と考える方式ですと，資産と負債の差額の2億円を売買価格（事業価値）とすることが適切といえそうです。

次に「DCF法」で当該会社の事業価値を考えてみましょう。当該会社が事業改善に努めた結果，毎年2,000万円の税引後フリーキャッシュフロー（FCF）が出るとします。現在価値に割り戻す割引率（WACC）を10％としますと，FCFを10％で割ることになりますので，やはり当該会社の売買価格（事業価値）は2億円になります（2,000万円÷0.1＝2億円）。

この考え方によりますと，当該会社の事業価値は2億円なのだからこの金額で第三者に事業を譲渡できれば金融機関は「純資産法」によっても「DCF法」によっても，2億円（事業譲渡の対価）の返済を受けられることになるわけです。

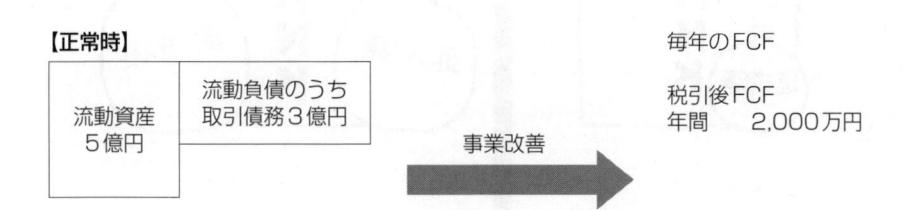

【正常時】

流動資産 5億円	流動負債のうち 取引債務3億円

事業改善 →

毎年のFCF

税引後FCF
年間　2,000万円

つまり，（無担保債権を有する）金融機関からすれば，破産時の配当の7,000万円を大きく上回る2億円もの返済を受けられるわけです。

それにもかかわらず7,000万円の破産時配当をわずかに上回るたとえば9,000万円という返済計画であれば，金融機関からすればなかなか合理的な計画と認めがたい面もあるわけです。また，担保権を有する金融機関は固定資産（不動産）を2億円で任意売却してもらえれば，破産時の1億円の2倍の返済を受けられるのです。

少々難しい話をしてしまいましたが，再生局面において返済計画を立案する際は最低でも破産した場合よりも大きな配当が見込めるような計画を立案するべきなのです。

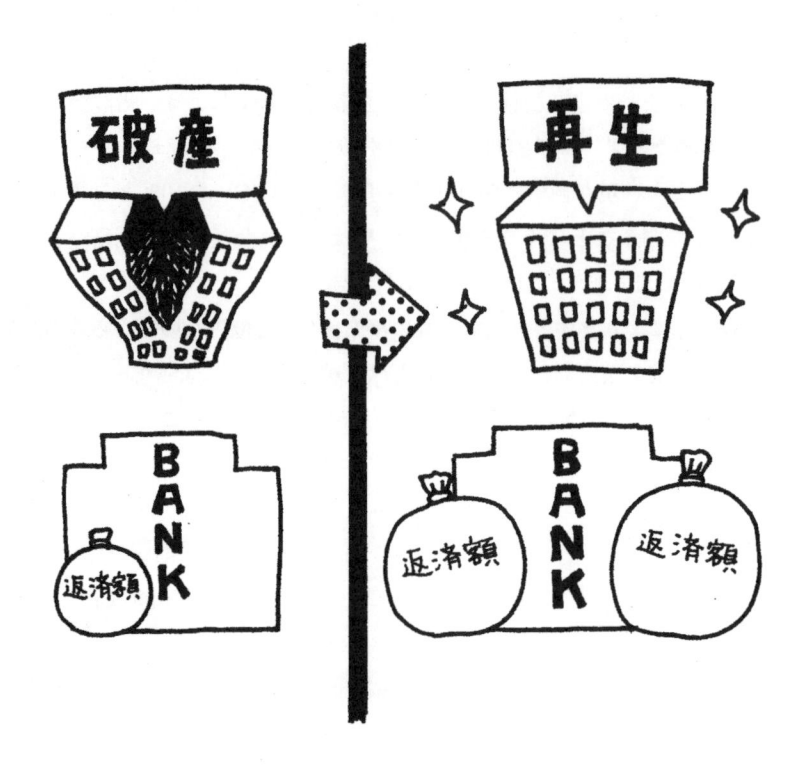

6 手続保障（情報公開）

　再生局面では債権者への情報公開を積極的に行うべきです。

　会社の損益や資金繰りがどうなっているのかは，債権者も関心を持っています。

　会社の事業構造をどう変えるのか，会社資産をどう処分するのか，会社分割などの組織再編行為をいつどのように行うかについては，債権者の債権回収額にかかわりますので，債権者の関心は非常に高いといえます。

　このような重要な決定を債権者に何も告知せずに進めていては，再生に協力してもらえるはずがありません。月次の損益や資金繰りなどや重要な情報は，適宜，きちんと情報提供すべきです。

　金融機関との交渉といっても，結局は人対人の交渉になります。この会社は信用できないと思われてしまっては，再生に協力してもらえることはないでしょう。

　この会社は信用できるので，応援してみようと思ってもらえるような対応をすべきであり，そのためにも債権者に情報提供はすべきです。真摯に会社の実情を説明すれば，債権者にとって厳しい再生スキームであっても，納得感が得られやすいものです。

　私が再生案件を扱う場合には，法的整理の民事再生だけでなく，私的整理の局面であっても，毎月①会社の損益状況（毎月の資産表，決算書），②資金繰り表は開示しています（このことを月次報告といいます）。また，資金の問題もありますが，可能な限り，③会社の実態資産，事業構造上の問題点について詳しく調査した財務DD，事業DDなどのレポートを債権者に開示するようにして，金融機関に会社の情報を隠さず開示しています。

7 再生を目指すことが大原則

　ただし，ここで情報提供するというのは，金融機関に求められるままにいうことを聞くというわけではありません。

　会社の事業に不可欠な資産の売却を迫るなど，会社再生にマイナスな行為を金融機関の中には行内の立場上なのでしょうか，主張してくることもままあります。

　必要な運転資金分の返済を求められてしまうこともあるでしょう。

　しかし，そのような要請に安易に応じてしまっては，事業継続はとてもできません。

　当行にだけ返済してもらいたいと債権者不平等な要求をしてくることもあるでしょう。そのような要請に応じてしまっては，他の債権者が納得せず，それこそ再生を目指すことは困難になります。

債権者にきちんと情報は提供しつつも，会社再生にマイナスな行為は受け付けない，それが再生を目指す際のあるべき姿です。

　法律においても債務者の経済的更生（再生）が重要な基本理念とされており（破産法1，民事再生法1など参照），再生を目指す以上，このような要求には応じられないときっぱりと断るべきです。

VI 出口戦略の具体策

1 会社再生の手法

　会社再生の手法（「出口戦略」）にも色々な方法があり，それぞれに個性があります。

　財務内容を抜本的に改善しようとすると，事業価値の毀損が生じかねないなど，どの手法も一長一短です。

　もちろん財務内容を抜本的に改善しつつ，事業価値の毀損が生じない方法もありますが，今度は債権者の理解を得ることが容易でないともいえるのです。

　どの手法が100％よいというのは難しく，会社ごとに処方箋は違うというほ

スキーム名	私的整理					法的整理	
	リ・スケジュール	第二会社方式	事業再生ファンド	DDS		民事再生手続	破産手続
裁判所	不要					必要	必要
事業価値への影響	ほぼ無					中～大	大
金融機関の同意	必要					債権額の2分の1＆出席債権者の過半数の同意が必要	不要
財務内容の改善	×	○	○	△		◎	○
滞納取引債務	支払義務あり					カット対象	×
滞納税金等	支払義務あり					支払義務あり	×
活用場面	支払額を減らせば何とかなる場合（症状が軽い場合）	過剰債務を抱えていて，金融機関の理解が得られる場合	過剰債務を抱えていて，金融機関が債権売却を希望する場合	第二会社方式，事業再生ファンド活用が困難な場合		①取引業者の支払いも止める必要がある場合②債権者全員同意が見込めない場合	税金滞納等があり，民事再生手続に耐えられない場合
留意点	過剰債務の場合使えない。安易なリ・スケは問題を悪化させることも	公的機関活用の検討，同意なき会社分割のリスク	債権の売却先は金融機関が決める	問題の先送りではないか		①予納金の手当②事業価値毀損回避への配慮が必要	①取引先がついてきてくれるか②一括購入資金はあるのか③代価は相当か

39

かありませんが，イメージ的には前頁図のとおりです。なお，破産手続は本来的には再生の手続ではありませんが，破産手続前ないし，破産手続の中で事業譲渡や資産譲渡を行うことで再生を図る場面もなくはないので記載しました。

2　検討すべき順序

　会社再生のスキーム（「出口戦略」）はあくまでも「手段」であって，「目的」ではありません。

　会社再生の「目的」は，短期的には，会社の資金ショートを回避し，中長期的には会社を正常な状態に持っていくことです（Ⅳ参照）。

　会社というのは，取引先や従業員があって成り立つものですので，当然，得意先が離れたり，有力な仕入先が離れてしまうような行為はするべきではありません。従業員への給与遅配もするべきでないことは当然です。

　ところが，会社再生のスキームの中には，どうしても事業価値の毀損が生じてしまうものもありますが，そうなってしまっては，従業員の雇用維持も困難になります。債権者への支払いできる額もますます減ってしまうことになりかねません。

　会社再生の検討を始めたのであれば，事業価値の毀損が生じない方法から，順々に検討するのが原則になります。

　そこで，まずは，裁判所を活用しないで，一般取引業者を巻き込まない私的整理を検討するべきなのです。一般的には私的整理である①〜⑤を先に検討します。

① リ・スケジュール
② 第二会社方式（会社分割や事業譲渡）
③ DDS

④ 事業再生ファンド ┐
⑤ サービサー   ┤── 私的整理
⑥ 民事再生   ┐
⑦ 破産（競売も）   ┤── 法的整理
⑧ 番外（収益回復待ちスキームなど）

3 リ・スケジュールのメリット・デメリット

　金融円滑化法が誕生して以降，多くの中小企業がリ・スケジュールによって，会社再生を目指しています。
　最も一般的な再生手法ということができるでしょう。

3-1 リ・スケジュールのメリット

　リ・スケジュールとは，債務返済条件（約定返済）を変更して，金融機関への返済額を減らす方法です。
　たとえば，一定期間，金利のみの返済にしてもらったり，元本返済額を少なくしたり，資金繰りを楽にするといった方法があります。
　病気でいえば，**風邪程度の症状の場合には有効な手法**といえます。金融円滑化法のもとでは多くの会社が利用しており，ポピュラーな方法といえるでしょう。金融円滑化法の期限切れ後も最も利用しやすい手法であることは変わらないはずです。

　金融機関からしてみれば，毎月の回収額は減ってしまうものの，債務免除まで求められるわけではありませんので，個別の事情にもよりますが，金融円滑化法施行下では，比較的簡単に受け入れてもらえるようになりました。
　裁判所を使わずに銀行とだけ話をしますので，取引業者に知られることがなく，事業価値の毀損が生じないのも大きなメリットです。

もっとも金融機関との信頼関係が十分でないとか，債権者が多数いるとか，債権額が多額である場合には，一部の金融機関がごねて同意せず当事者だけではリ・スケジュールを行うことが難しいことが多いでしょう。そのような場合には，再生専門の弁護士や再生専門のコンサルタントに依頼するほうが望ましいといえます。

> **POINT**　リ・スケジュールは風邪程度の症状の場合には有効な手法。

3-2　リ・スケジュールの進め方と留意点

　リ・スケジュールといえども金融機関からすれば，通常の返済条件に沿った返済を受けられないわけですので，一大事といえます。金融円滑化法が終了すれば，リ・スケジュールに応じてもらうハードルは上がるでしょう。

　そこで，最低限度，①**金融支援の依頼書（返済条件変更申入書）のほか，②資金繰り表と③経営改善計画書（事業計画書）は準備すべきです。**

　ただし，金融検査マニュアルでは，経営改善計画が1年以内に策定できる見込みがある場合は，不良債権に該当しないとあります。この点は恒久措置であり，金融円滑化法の期限切れ後も不良債権の定義は変わらないとされています。そこで，リ・スケジュールの申入れ時点で③経営改善計画を策定していることが望ましいですが，策定できない場合でも，1年内に策定できる見込みであれば良いと言えます。

　①金融支援の依頼書では，どうして現状の返済条件であれば支払いができないのか，新たな返済条件はどうしたいのかといった希望を書いて金融機関に提出します。

　倒産法の基本理念でも説明しましたとおり，すべての金融機関を平等に取り扱うこと，債権者を害する行為をしないことが大事になります。一部の金融機関から担保設定を求められることがありますが，安易に応じてはいけません。

Ⅵ　出口戦略の具体策

　金融機関から不当な要求がある場合には，会社再生の専門家に相談すべきでしょう。

　資金繰りが厳しい会社の経営者はリ・スケジュール自体が目的となってしまいがちです。リ・スケジュール交渉に注力するあまり，リ・スケジュールが認められてしまうと，それで安心してしまいがちです。
　しかし，それではだめなのです。
　政策パッケージや監督指針で書かれていますが，**大事なのはリ・スケジュールではなく，事業の（抜本的な）再構築**です。中長期的目標である経常収支の改善に取り組むべきです。
　リ・スケジュールは時間稼ぎの手法にすぎないのです。リ・スケジュールはいわば短期的な止血にすぎませんので，その間に体力を回復させることが大事になってきます。リ・スケジュールは会社再生のいわば一手段にすぎないことを忘れてはいけないのです。

　金融機関は以下の事業を考慮してリ・スケジュールに応ずるべきか否か判断していると思われます。

---

① 約定弁済が出来なくなった原因（窮境原因）は何か。
② 事業の再構築（①の原因の除去も含む）は可能か。
③ 社長に熱意があるか。
④ 自助努力を行っているか。
⑤ 金融債権者間の取り扱いは公平か。

POINT　リ・スケジュールを行うには，①金融支援の依頼書（返済条件変更申入書）のほか，②資金繰り表と③経営改善計画書（事業計画書）が必要。

返済条件変更の依頼書

○○銀行○○支店御中

平成　年　月　日

株式会社○○○○○
代表取締役　○○○○

前　略

　貴行におかれましては，益々ご清祥のこととお慶び申し上げます。日頃から格別のお引き立てを賜り，厚く御礼申し上げます。
　さて，弊社は○年○月に開業し，○○事業を中心に業務を行っておりましたが，○○の業績が振るわず，○○事業への投資の失敗により，資金繰りの悪化という事態に直面しております。
　このまま金融機関の皆様に約定通り，お支払いを行った場合，○月には資金ショートをしてしまいます。
　しかしながら，弊社は，○○において，唯一の○○として，地元の方のお役に立っております。また，○○事業は，十分に収益力がありますので，直近の資金繰りの問題さえクリアできましたら，添付の事業計画のとおり，売上増加を目指すとともに，可能な限りの事業の合理化に着手する予定ですので，十分に再建できると考えております。
　そこで，誠に勝手なお願いではございますが，返済条件の変更をお認め頂きたく，伏してお願い申し上げる次第でございます。
　貴行には，大変ご迷惑をおかけいたしますが，弊社の自主再建に向けて，何卒ご理解とご協力を賜りたく伏してお願い申し上げます。

草々

貴行借入金残高　　○月末現在　○○円
1　変更前（約定）
　　毎月返済元金　　　　　　円
　　利息　　　　　　　　　　円
　　合計　　　　　　　　　　円
2　変更後（改定）
　　毎月返済元金　　　　　　円
　　利息　　　　　　　　　　円
　　合計　　　　　　　　　　円

添付書類

　　1　資金繰り表（約定・改定）
　　2　事業計画

3-3 安易なリ・スケジュールの問題点

① リ・スケジュールが適当な場合・不適当な場合

　しかし，リ・スケジュールはあくまで一時的に資金繰りを改善させる手法でしかありません。風邪薬をいくら飲んでも，過剰債務という大きな問題を取り除けるわけではないのです。

　リ・スケジュールによって，金融機関の債務額自体が減るわけではありません。
　資金繰りの改善といっても，最低でも金利は支払わなければなりませんので，**有利子負債が過大で，金利も大きく，金利支払いすら厳しい会社にとっては，元本返済がほとんど進まない**ことに注意が必要です。

　ですので，リ・スケジュールを行うことが適切なのは，風邪程度の症状の場合に限定されます。**具体的には，税金，社会保険料，従業員給与の未払い（評定内）もなく会社の余剰資産を換価して債務額を圧縮したり，収益力の回復によって，債務償還年数が15倍程度（多くとも20倍程度）に抑えられる会社に限定される**でしょう。

　少し細かな話をすると，「有利子負債から現預金と正常運転資本部分（受取手形＋売掛金＋棚卸資産－仕入債務）を控除した部分（要償還債務といいます）」がキャッシュ・フローの15倍以内にあるか否かで判断するわけです。

　たとえば，次頁の図の案件ですと，返済可能額が3百万円しかありません（（1）損益計算書右下の［返済可能額のチェック］参照）。返済可能額は経常利益にキャッシュアウトを伴わない減価償却費用を足した金額と仮定しています。そうしますと，有利子負債が45百万円（60百万円）以上あれば，リ・スケジュールは厳しいといえます。

　しかし，下記の図の案件は有利子負債が410百万円あり，要償還債務が360百万円もあります。

　この案件の場合，実質債務超過額が230百万円で，返済可能額が3百万円で

すから，債務超過の解消に80年近くもかかってしまいます（230百万円÷3百万円＝76年）。

現実には設備投資を全くしないで事業継続することは難しいので，このよう

(1) 損益計算書のチェック

(単位：百万円)

売上高	300
売上総利益	56
販売管理費	45
（減価償却費）	4
営業利益	**11**
営業外費用	12
経常利益	**▲1**

［返済可能額のチェック］
借入返済原資＝経常利益＋減価償却費＝3
（返済可能額）

(2) 貸借対照表のチェック

(単位：百万円)

資産の部		負債の部	
現預金	20	支払手形	20
受取手形	20	買掛金	50
売掛金	30	短期借入金	160
棚卸資産	60	長期借入金	250
その他	120	**純資産**	**▲230**
合計	250	合計	250

仕入債務（支払手形・買掛金）
有利子負債（短期借入金・長期借入金）

実質債務超過の解消に時間がかかりすぎる場合には，リ・スケジュールは不適当との判断に

［正常運転資本のチェック］
正常運転資本＝受取手形＋売掛金＋棚卸資産－支払手形－買掛金＝40

［要償還債務額のチェック］
要償還債務＝有利子負債－現預金－正常運転資本＝410－20－40＝350

［債務償還年数のチェック］
債務償還年数＝要償還債務÷借入返済原資＝350÷3＝117（年）

債務償還年数が長すぎるので，返済可能額を増やすことが無理な場合にはリ・スケジュールは不適当との判断に

なケースの場合には，事業改善がよほどうまく進んで返済可能額が大きく増えない限り，リ・スケジュールは適切とはいえないでしょう。

このように会社の余剰資産を換価しても，収益力を改善させても，金利の支払いをすると元本返済がほとんどできない会社，もしくは元本返済を続けても，20年以上かかってしまうような会社は，有利子負債が重荷になっている可能性があります。

そのほか，債務超過状態の場合，受注できない業種の会社も，リ・スケジュールは適切とはいえないでしょう。

このような場合には，「過剰債務」という問題を取り除く必要がありますので，風邪薬では対応することが難しいといえます。よほど事業構造の改善で収益力が高まらない限り，過剰債務を切り離して身の丈に合うように債務を減らす手術が必要になってきます。

> **POINT** リ・スケジュールが可能か否かは税金・社会保険の滞納がないか，債務償還年数が15倍以内かで判断。

② 見かけ上の収益力を上げる計画について

よく見かけるのは，見かけ上の収益力を上げるために，売上げが毎年20％ずつ上がるというおよそ達成できない計画を作って（作らされて），安易にリ・スケジュールを行うことです。

もちろん経営目標として，売上増加は目指すべきですし，そのために他社と差別化できるだけの商品の品質・サービス向上に努めるべきです。

しかし，具体的に商品の品質・サービスを上げずに，新規開拓などの合理的な根拠もなく，売上げが毎年上がる計画を作る意味はないはずです。

実現不可能な計画を立てて，債権者も債務者もお互い達成できないとわかっ

ていながら，リ・スケジュールを行っても，単に問題を先送りしているにすぎません。このような無理な計画を作って（作らされるケースもあるでしょう），計画が達成できないからと金融機関に責められて，経営者の精神状態にもよくありません。

　やはり事業計画を作る際には，合理的な根拠に基づいて，達成可能な堅実な計画を策定するべきなのです。

　実現不可能な計画に基づいて，リ・スケジュールを行うということは，結果的に金融機関のみに無理に返済を行う計画を立てたと評価することができるでしょう。無理な返済を続けているうちに，会社の事業に必要な投資もできなくなる会社，税金や従業員給与という本来は優先して支払うべきものの返済が滞ってしまう会社が多数あります。

　あまりに税金等の滞納額が多くなりすぎますと，民事再生手続すら利用が困難となってしまいます。

　当然のことながら，再生完了に要する期間も10年を大きく超えることになるでしょう。とても抜本的な再生案とは言えません。いくら働いても金融機関の返済のみに回ってしまい，従業員の給料も一向に上げることはできません。もちろん従業員のモチベーションも低下してしまうでしょう。

　従業員の心のこもったサービスがない会社では，お客様が離れていき，肝心の収益力が低下してしまうことになりかねません。

　事業継続に不可欠な設備投資もなかなかできません。

　安易なリ・スケジュールをすると，二次破綻のリスクが極めて高いだけでなく，収益悪化を招いてしまい，民事再生という法的な手続で再生することすらできない事態になりかねないのです。政策パッケージが指摘するとおり，抜本的な事業再生策の検討をすべきなのです。

Ⅵ 出口戦略の具体策

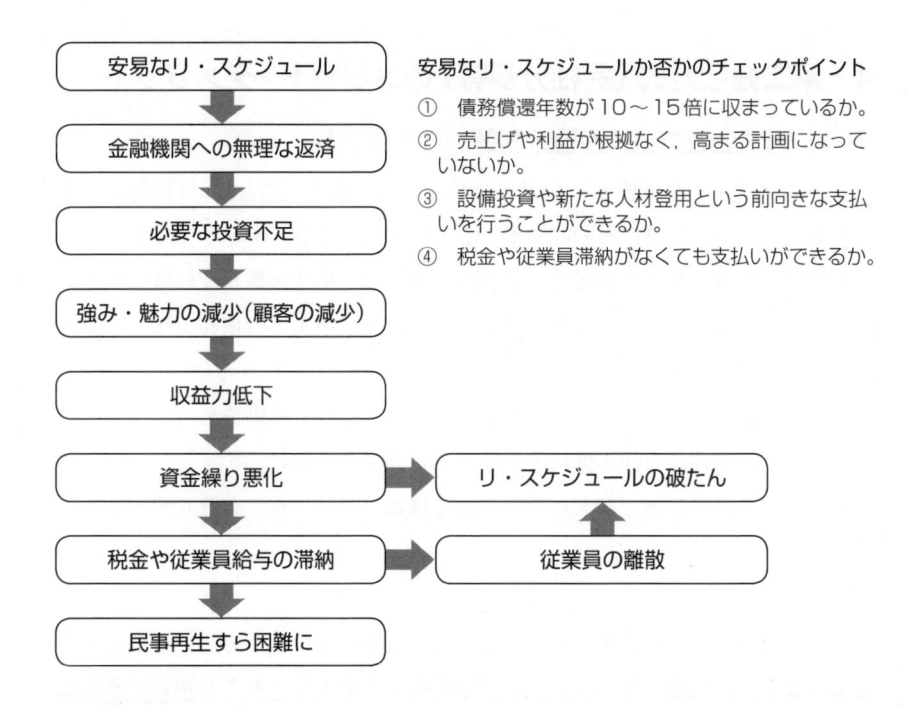

```
┌─────────────────────┐
│  安易なリ・スケジュール  │
└──────────┬──────────┘
           ↓
┌─────────────────────┐
│  金融機関への無理な返済  │
└──────────┬──────────┘
           ↓
┌─────────────────────┐
│     必要な投資不足      │
└──────────┬──────────┘
           ↓
┌─────────────────────┐
│ 強み・魅力の減少(顧客の減少)│
└──────────┬──────────┘
           ↓
┌─────────────────────┐
│      収益力低下        │
└──────────┬──────────┘
           ↓
┌─────────────────────┐     ┌─────────────────────┐
│     資金繰り悪化        │ →  │  リ・スケジュールの破たん │
└──────────┬──────────┘     └─────────────────────┘
           ↓                            ↑
┌─────────────────────┐     ┌─────────────────────┐
│  税金や従業員給与の滞納  │ →  │     従業員の離散      │
└──────────┬──────────┘     └─────────────────────┘
           ↓
┌─────────────────────┐
│    民事再生すら困難に    │
└─────────────────────┘
```

安易なリ・スケジュールか否かのチェックポイント

① 債務償還年数が10～15倍に収まっているか。
② 売上げや利益が根拠なく，高まる計画になっていないか。
③ 設備投資や新たな人材登用という前向きな支払いを行うことができるか。
④ 税金や従業員滞納がなくても支払いができるか。

POINT 達成不可能なみかけ上だけ収益力が上げる計画を作るべきではない。

4　第二会社方式（会社分割等）のメリット・デメリット

4-1　第二会社方式（会社分割等）のメリット

　リ・スケジュールは債務額が過大な場合（過剰債務の場合），債務免除を受けられないため，財務内容の改善ができないのが大きなデメリットです。

　他方で，会社分割等を活用した第二会社方式は，事業価値程度の債務額を承継し，それを超える債務は元の会社に残しておき，事実上の債務免除をお願いするのと同様の効果が得られます。

　そこで，第二会社方式はリ・スケジュールと異なり，過剰債務のカットをお願いでき，**財務内容を抜本的に改善することができるわけです**。

　病気でいえば，手術で病気の原因となる腫瘍（過剰債務）を取り除くようなものです。

　過剰債務のカットを実現する手法として，ほかにも民事再生という法的手続もありますが，後述のとおり，すべての債権者を対象とすることから，事業価値の毀損が生じてしまうという問題があります。

　これに対して，第二会社方式は，あくまでも裁判所を使わない，法律を使わない私的整理の一種です。交渉で解決を目指すスキームになります。対象債権者も通常金融機関だけです。

　そのため，**第二会社方式は過剰債務問題の解決を実現しつつも，事業価値の毀損が生じないといういいところ取りを目指す合理的な方法**といえるでしょう。

　第二会社方式は，金融機関との間だけで話し合いを行い，新会社に事業価値維持に必要な資産と契約を，また，身の丈に合った有利子負債と取引業者の債務（全額）を承継させ，従前の会社には処分予定の資産と有利子負債のみを残し，実質的に過剰債務の一部を免除してもらうスキームになります。

　債務者会社からすると，過剰債務はカットしてもらえ，事業の安定的継続が

可能となりますし，地元経済への貢献ができることになります。雇用継続や取引業者への連鎖倒産を回避できます。金融機関からしても地元の過剰債務に苦しむ企業が正常企業となり，安定的に取引ができますので，債務者のみならず債権者にとっても，有意義な手法といえるはずです。

　民事再生手続は，どうしても事業価値の毀損が生じてしまいますが，第二会社方式はあくまでも私的整理手続のため，原則として事業価値の毀損が生じません。事業価値の毀損が大きくてとても民事再生手続は取れないけれども，多額の有利子負債を抱えていて，過剰債務の解消が必要な会社にはとても有意義なスキームになります。

> **POINT** 第二会社方式は過剰債務問題の解決を実現しつつも，事業価値の毀損が生じない合理的な方法。

4-2　第二会社方式で再生した会社

　第二会社方式で再生を果たした会社は多数あります。
　たとえば次頁の図のように有利子負債の一部のみを新会社に承継させるスキームを使うことで，実質的に過剰債務を免除してもらう案件が典型的といえます。

　次頁図の会社は，とある地方の食品関係の卸売の会社です。
　卸売業との性格上，仕入業者・販売業者が数百社あります。「この会社はアブナイ」と思われてしまっては，取引を続けてもらえません。
　販売業者との間の取引基本契約を見ると，民事再生手続の場合には契約解除条項もありました。いくら法的に争う余地があるといっても，供給力に疑いをもたれてしまっては，事業継続は難しいのです。
　信用が命の卸売業との性質上ということで，民事再生は難しいと判断されま

した。

　この会社は，営業資産3億円と不良資産（無価値の資産）2億円を持っていました（実際の会社の数値とは相当数字を変えています）。
　この会社は営業上の債務（買掛債務や支払手形などの仕入債務）2億円のほか，過去の事業上の失敗により金融機関から借入金9億円がありました。
　過去の失敗から立ち直り，何とか年間3,000万円の営業利益は確保できるだけの計画は立ちましたが，9億円の借入金の利払いだけで3,000万円近く発生し，経常利益はほとんど出ない状況にありました。
　冷凍庫等の設備投資に回せるお金もほとんど残りませんし，元金返済に回せるお金もほとんどありませんでした。

貸借対照表

営業資産 400M	営業負債 200M
不良資産 200M	借入金(有利子負債) 1,000M
債務超過 600M	

事業計画（損益計画）

M＝百万円

売上高	1,000M
売上原価	900M
売上総利益	100M
販売管理費	80M
うち償却費	10M
営業利益(償却前)	30M
営業外費用	30M
経常利益(償却前)	0M

　事業改善に努めて（償却前）営業利益3,000万円を出せる体制に持っていけても，9億円の有利子負債が残っていては，有利子債務は減らないのです。短期的には資金繰りはいつもタイトな状態です。中長期的に見ても，債務超過を解消して，通常通り銀行取引ができる「正常な会社」を目指すことはとてもできない状態でした。

Ⅵ 出口戦略の具体策

　経営者の役員報酬も従業員給与も非常に低く抑えたままで，従業員には長年賞与も出せていない状態でした。まともに設備投資もできず，古い設備を何とか使っている状態でした。

　このままの状態を放置してしまっては，経営者や従業員も何のために働いているのかわかりません。どうしてもモチベーションは上がりません。有能な社員ほど先に退職を希望してもおかしくない状態でした。

　大幅な債務超過状態でしたので，このままではどの金融機関から融資を受けることもできない状態でした。少しでも業績が傾いたり，従業員が集団で退職したら，いつ倒産に陥ってもおかしくない状態でした。

　他方で，金融機関から見ると，いつまで経っても不良債権のままで，債権回収の目途も立ちません。しかも破産時には営業資産400Mの大部分を占める売掛金や在庫（生鮮食品）はバッタ価格でしか換価できませんし，不動産は担保設定されていますので，破産時配当はほとんど見込めない状態で，サービサーに売却しても多額の損失が生じる状態でした。

　このような状態の会社に再生の専門家（弁護士）が入って，銀行交渉を行うこととしました。中小企業再生支援協議会に第2次対応していただき，公認会計士にも入ってもらい，財務DDや事業価値算定を行うことにしました。
　会社の適切な事業価値を算定したところ，事業価値は一定のレンジはありましたが，3億円程度と試算されました。
　ここではわかりやすく，説明するために，償却前営業利益3,000万円から設備投資等を控除した2,000万円をフリーキャッシュフロー（FCF）と考えて，その15倍程度が事業価値になりますので，当該会社の事業価値は3億円程度とご理解ください（厳密には5か年程度の中期計画を策定し，当該業種の特性や倒産コストを加味して適切な割引率（WACC）を設定して計算します）。

当該会社の身の丈に合った（事業価値に見合う）金融機関の債務額は3億円程度になりますので，その程度まで有利子負債を圧縮することが会社再生の観点からは望ましいといえます。

　そこで，金融機関に事前説明の上，以下の図のとおり，会社分割を行い，新会社に事業活動に不可欠な営業資産4億円と営業負債2億円全額を承継させ，金融機関の有利子負債については，事業価値相当額の3億円程度を承継させることにしました。

　その後，旧会社は特別清算手続（破産手続で処理することもあります）により，終了させ，金融機関は旧会社に残した金融債務相当額については，貸倒損失を計上できるようになりました。

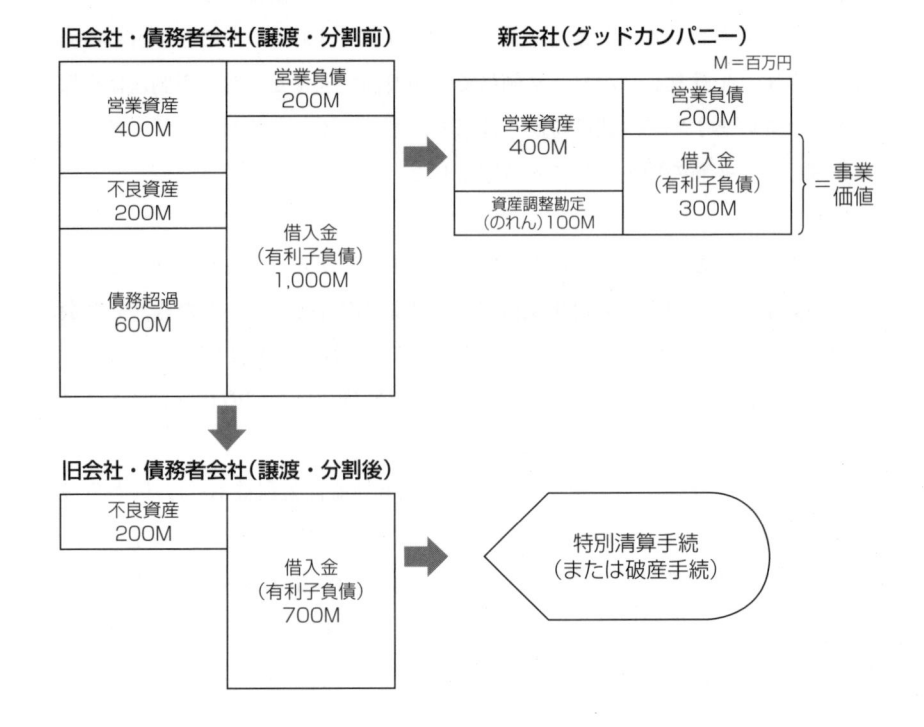

旧会社・債務者会社(譲渡・分割前)

営業資産 400M	営業負債 200M
不良資産 200M	借入金 (有利子負債) 1,000M
債務超過 600M	

新会社(グッドカンパニー)　M＝百万円

営業資産 400M	営業負債 200M
	借入金 (有利子負債) 300M
資産調整勘定 (のれん) 100M	

＝事業価値

旧会社・債務者会社(譲渡・分割後)

不良資産 200M	
	借入金 (有利子負債) 700M

→ 特別清算手続 (または破産手続)

新会社の有利子負債は3億円に圧縮されましたので，金利を支払っても経常利益が2,000万円程度残ることになりました。資産と負債の差額をのれんとして資産計上しておりますが，その点を資産から除外して計算しても，5年で債務超過状態も解消できる目途が立ちました。つまり正常化する目途が立ったわけです。
　毎年2,000万円程度の原資から設備投資を控除しても，毎年1,200万円の返済は可能となり，きちんと返済できる会社に生まれ変わったのです。

　従業員の雇用もきちんと確保することができました。従業員も事業存続の不安からも解消され，将来の昇給を目指し，皆前向きに働くことができるようになりました。

　金融機関にとっても，破たん懸念先だった会社が正常先に戻る可能性が出てきたのであり，安定的な金利収入の確保が実現できることになったのです。旧会社をきちんと清算処理したため貸倒損失もきちんと計上できました。

> **POINT** 第二会社方式をうまく活用すれば，すべての利害関係人が満足いく解決を得ることができる。

4-3　第二会社方式のデメリット

　第二会社方式の民事再生手続と比べたデメリットとしては，私的整理にもかかわらず，債務カットという金融機関にとっては相当に厳しい要求のため，理解を得るのが難しく，時間がかかるという点が挙げられます。
　具体的には以下のとおりです。

　第一に，裁判所を活用しない私的整理スキームで行う手法のため，原則として，対象債権者（通常は金融機関のみ）全員の同意が必要なことです。

そのため，過去にあまりに悪質な粉飾がある場合，違法行為があるなど法的紛争を抱えている場合などは，対象債権者全員の同意を得ることは極めて困難な場合があります。このような場合に活用しにくいという問題があります。
　また，特に経営者が続投型の場合，金融機関の理解を得るのに相当の時間を要することが少なくありません（それでも経営者が続投が不可欠な場合は，金融機関を粘り強く説得するしかありません）。

　第二に，民事再生手続に比べて，裁判所を活用していない分，手続の公正性・透明性に疑義を持たれてしまうことがあります。そのため倒産手続の基本理念でもお伝えしましたが，債務者側としては，手続保障（透明性）確保に尽力する必要があります。月次の損益や資金繰りなどの情報はきちんと出して，誠実に対応する必要がある所以です。
　第二会社方式は事実上の債務免除を依頼するスキームであり，金融機関にとっては相当に高いハードルになります。案件にもよりますが，中小企業再生支援協議会など公的機関（Ⅶ参照）を利用して，手続を進めることが望ましいといえます。

　第三に，金融機関の理解が得られにくいということがあります。
　民事再生であれば法律を活用したスキームのため理解できるが，第二会社方式の場合，どうしてこの会社にだけ債務免除を行う必要があるのかという批判を受けることがあります。
　たとえば地元の農業協同組合や取引業者で構成する信用組合などが債権者の場合など，何らかの事情で債務免除の事実が同業者に知られてしまうようなケースもあります。このようなケースの場合は，いくら経済合理性があっても，金融機関としては，同業者の手前，どうしても同意できないケースもあります。

　第四に，民事再生手続はスケジュールが比較的明確ですが，私的整理の手法にすぎない第二会社方式の場合には，経営者交替やスポンサー型の場合でなけ

れば債権者全員の同意を得るまで延々といつまでもかかってしまうことがあります。経営者には債権者の理解を得るためには，最低でも半年から1年以上はかかるという覚悟をもってもらう必要があります。

第五に，税務処理が比較的複雑という点が挙げられます。第二会社方式の場合には，旧会社の債務免除課税の問題，分割時の譲渡損益の問題など，課税上の問題が多々ありますので，再生専門の税理士に相談，依頼することが必要になります。

第六に，許認可が必要な事業の場合，新会社への許認可移行ができないケースがある点が挙げられます。

> **POINT** 第二会社方式には私的整理特有の問題が残ってしまう。特に全債権者の同意を得るのが難しい。

4-4　近時の会社分割案件で行われる問題点

　金融機関に会社分割の事実を全く知らせず，同意も得ないで分割手続を進め，債権者を害しかねない会社分割が非常に問題視されています。

　会社法では，会社分割の際に，会社分割後も引き続き分割会社（旧会社）に債務の履行を請求することができる債権者は債権者保護手続の対象外とされています（新設分割につき会社法810①二，②参照）。

　そこで，①そもそも会社分割の際に，新会社に債務を移転しないこととされた債権者や，②新会社に債務移転があった場合でも，会社分割と同時に，新会社と旧会社が連帯して債務を承継したり（重畳的債務引受け），③あるいは，旧会社が新会社承継債務を連帯保証したりする場合には，当該各債権者は会社分割に対する異議の申立ての機会が保障されていないのです。また，会社法上の会社分割無効の訴え提起も認められていません。

たとえば，次のケースの場合には，取引業者のみ債務を承継させて，金融債権者は1円も債務を承継しておりませんが，債権者保護手続が不要とされているため，会社法上は，金融債権者の同意を得ていなくても適法に会社分割を行うことが可能とされているのです。

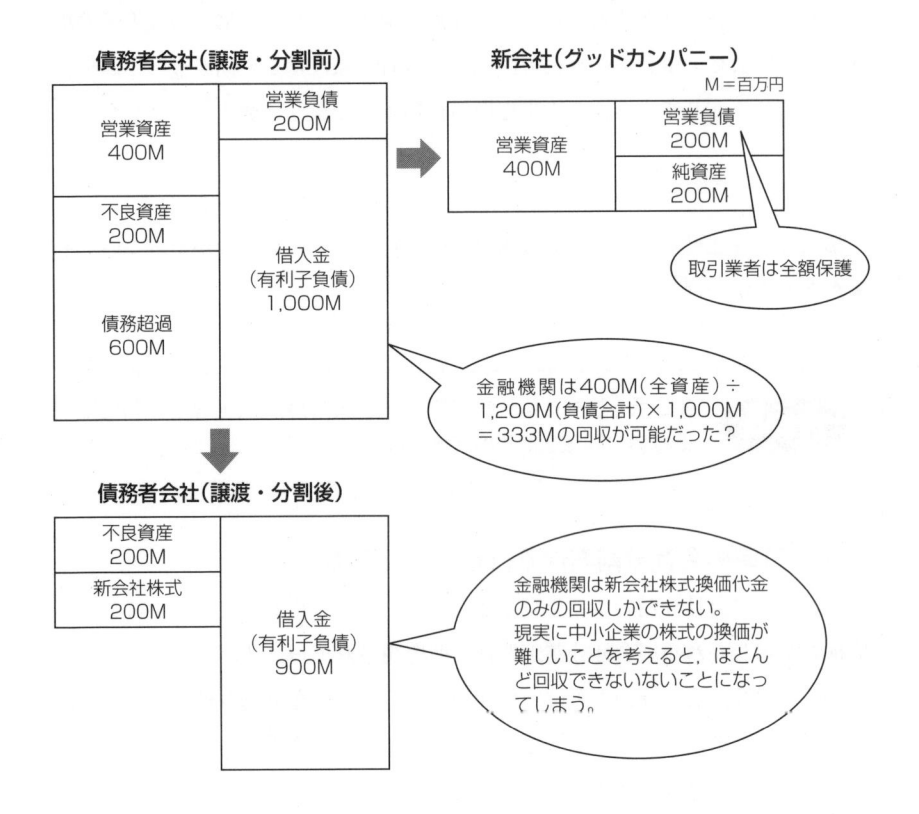

債務者会社（譲渡・分割前）

営業資産 400M	営業負債 200M
不良資産 200M	借入金（有利子負債）1,000M
債務超過 600M	

新会社（グッドカンパニー）
M＝百万円

| 営業資産 400M | 営業負債 200M |
| | 純資産 200M |

取引業者は全額保護

債務者会社（譲渡・分割後）

| 不良資産 200M | 借入金（有利子負債）900M |
| 新会社株式 200M | |

金融機関は400M（全資産）÷1,200M（負債合計）×1,000M＝333Mの回収が可能だった？

金融機関は新会社株式換価代金のみの回収しかできない。現実に中小企業の株式の換価が難しいことを考えると，ほとんど回収できないないことになってしまう。

この案件の場合には，第一に，金融機関は破産時・倒産時には一定の回収ができたはずであるのに，新会社に有利子負債を全く承継してもらっていないので，新会社から一切債権回収ができないことが問題といえます。

第二に，確かに新会社は分割の対価として新会社の株式（純資産2億円）を取得しているものの，当該会社の株式は中小企業の株式であり，換金性が乏しく回収可能性が低いことに問題があります。

これらの結果，金融機関はほとんど回収ができないことになってしまう一方で（詐害行為），商取引債権者は満額の回収を受けられるという意味で債権者平等に反する点が問題といわれています。

第三に，金融機関を含む全債権者には何ら事情が知らされておらず，手続保障も十分でありません。

第四に，債権者のチェックを得ない一方的な計画で事業の再構築が十分ではなく，債務者の再生（更生）もできない点に問題があるといわれています（ただし，これはケースバイケースかもしれません）。

以上のとおり，この手法の問題点は，Ⅴ章で説明した倒産法の基本理念を全く実践していない所にあります。

このような会社分割を一般に会社法上は適法であるが，倒産法の基本理念に適合していない会社分割ということで「濫用的会社分割」といわれることがあります。

筆者としては，債権者の同意を得ない会社分割のすべてが濫用的会社分割というのは早計であると考えておりますが，倒産法の基本理念に立ち返って，会社分割に問題がないかをチェックすることは必要であると考えています。

倒産手続の基本理念	批　判・問題点
債権者間の公平性・平等性	取引業者のみ全額承継し，金融債権者のみ承継しておらず不平等
債権者全体の満足	破産時配当を下回る事例もある
公正な手続保障	金融機関を含む全債権者に何も事情を説明しないで手続が可能
債務者の更生	債権者の意見を聞かない一方的手続で事業の再構築が十分なのかチェックができない

> **POINT** 近時の会社分割では倒産手続の基本理念を忘れて行われているものもある。会社分割の際には倒産手続の基本理念に立ち返って進めることが大事。

4-5 濫用的会社分割のリスク

では，倒産手続の基本理念を全く省みない単なる債務逃れ目的の濫用的会社分割のリスクはどのようなものになるでしょうか。

以下，簡単にご説明します。

第一に，**金融機関の強い反感，不信感**を生みます。金融機関担当者も一個人になります。当然のことながら，債権者側は再生への協力姿勢を示すことなく，回収一本やりの形になってしまいます。今後，民事再生等の協力をお願いしても，到底理解を得ることは困難になるでしょう。そうなっては，破産手続しか選べなくなってしまうかもしれません。

第二に，**詐害行為取消権・否認権行使のリスク**があります。新会社に移転させて債務に見合う対価を支払っている（引き継いでいる）といえない場合には，債権者は債権回収が害されたとして，詐害行為取消権を行使することができます。従前の金融債務相当額を損害賠償として請求されてしまえば，新会社は会社分割で切り離した債務を再び負ってしまうことになります。

第三に，**法人格否認の法理のリスク**もあります。新旧会社が実質同じと認定されてしまい，新旧会社を同一視されて，旧会社の有利子負債を新会社も負っていると認定されることがあります。そうなると，全く会社分割の意味はないことになります。

第四に，**取締役への責任追及**が考えられます。会社分割自体が違法な行為とされてしまえば，それを主導した取締役も責任追及を受けることになります。

第五に，**指南した専門家自身も不法行為責任を追及されるリスク**が考えられます。

確かに，債権者全員の同意を取ることは極めて高いハードルではありますが，だからといって，倒産手続の基本理念を無視して，金融債権者のみに負担を強いるような再生計画を立案するべきではありません。

倒産手続の基本理念を理解し，金融債権者の債権回収額が破産時よりも多くなる再生計画を立案するべきです（できることであれば，事業価値程度の債務額は承継してきちんと返済するか，新会社の株式譲渡代金として事業価値程度の金員を債権者の配当にまわすべきです）。

きちんと会社の資産状況を調べ（財務DDや事業DDなど），それを踏まえた再生計画を立案し，債権者全員の同意（少なくとも黙示の同意を含めて多数の同意）を得られるように努めるべきです。

再生専門の弁護士や中小企業再生支援協議会などの公的機関の活用が望まれる所以でもあります。

> **POINT** 第二会社方式を進める際には十分に説明すること，金融機関に破産時よりも多くの弁済を約束できる計画を立案すること，きちんと説明することが大事。

5 事業再生ファンド方式のメリット・デメリット

5-1 事業再生ファンドとは何か

再生の手法（「出口戦略」）として，事業再生ファンドを活用することもあります。

事業再生ファンドのスキームには色々ありますが，代表的なスキームは以下のとおりです。

① いったん金融機関が有している債務者に対する貸付債権を簿価よりも安い金額で，第三者の事業再生ファンドに売却します（債権譲渡するわけです）。

① 債権譲渡

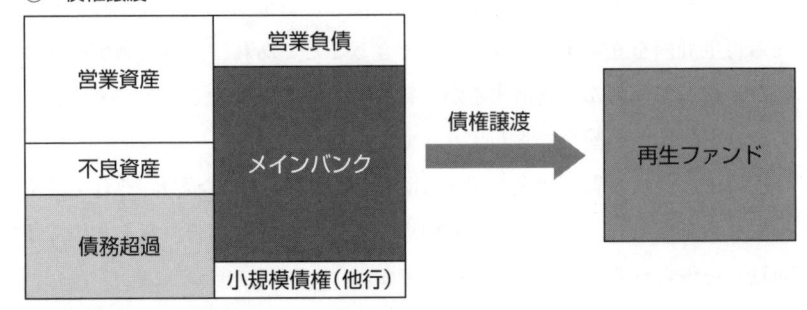

```
┌──────────┬──────────┐         ┌──────────┐
│          │  営業負債  │         │          │
│  営業資産  ├──────────┤         │          │
│          │          │  債権譲渡  │          │
├──────────┤ メインバンク │ ──────→ │ 再生ファンド │
│  不良資産  │          │         │          │
├──────────┤          │         │          │
│  債務超過  │          │         │          │
│          ├──────────┤         │          │
│          │小規模債権(他行)│         │          │
└──────────┴──────────┘         └──────────┘
```

② 次に再生ファンドのもとで事業再構築を行い，利益体質に変えます。

従前の金融機関ないしは別の金融機関から融資を受けて，事業再生ファンドへの返済を行うとともに，その余は債務免除を受けて，事業再生を図るスキームになります（すでに一定の収益力を得ている場合には，①と②をほぼ同時で行うこともあります）。

事業再生ファンドからすれば，自分が金融機関から買い取った金額以上の債権回収ができれば（つまり回収額が買取簿価を下回らなければ），債務免除を行うことに問題はありません。

債務者会社は，債務免除を受けることで，確かに債務免除益が立ちますが，不良資産を換価して売却損を出したり，債務超過ということは過去の繰越欠損金が使えることが多いので，債務免除益を消すだけの損金は出せることが一般的と思われます。

Ⅵ 出口戦略の具体策

② 債務免除，リファイナンス

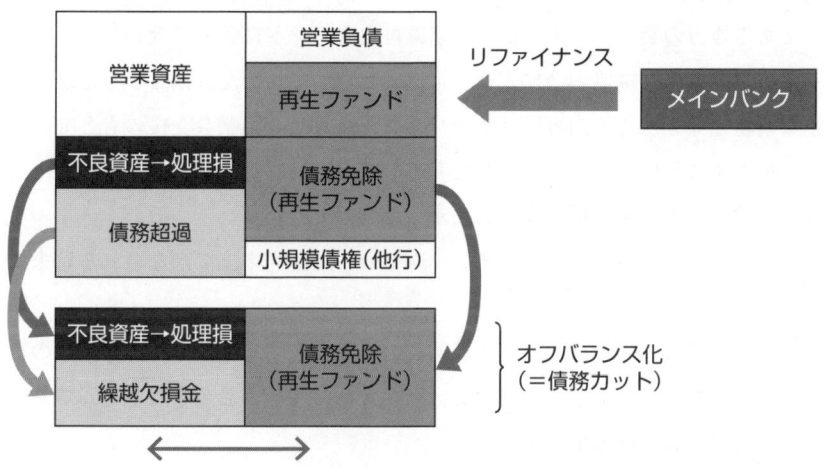

営業資産	営業負債	
	再生ファンド	← リファイナンス ← メインバンク
不良資産→処理損	債務免除(再生ファンド)	
債務超過		
	小規模債権(他行)	

| 不良資産→処理損 | 債務免除(再生ファンド) | } オフバランス化（＝債務カット） |
| 繰越欠損金 | | |

③ 以上により大幅な債務超過は解消され，正常化が実現できることになります。

③ 正常化

営業資産	営業負債
	メインバンク
	小規模債権(他行)

　ファンドというくらいですので，お金の集まりになります。
　どうしてもハゲタカファンドのような強欲なイメージが先行しますが，中小企業基盤整備機構や地元の金融機関が出資する再生ファンドがいくつもできており，現在，事業再生の世界で大きな役割を果たしています。

> **POINT**　事業再生ファンドを入れることで財務内容を一気に改善できる。

5-2 事業再生ファンドで救われた会社

　とある地方の製造メーカーがこの事業再生ファンドによって救われました。

　中小企業再生支援協議会に入り，第二会社方式で再生を目指しましたが，大幅な債務免除を求める内容にメインバンクが反対し，協議会支援のもとでの再生は果たすことはできませんでした（その時点では収益力がおぼつかなかった点も協議会での再生支援が成立しなかった要因でした）。

　その上，協議会終了後にはメインバンクからは競売申立てがなされる始末でした。

　しかも債務者の会社は税金等も滞納している始末であり，とても不動産の買戻資金はありませんでした。親族も会社のために多額のお金をつぎ込んであり，不動産買戻資金を準備できません。

　しかし，経営者の不断の努力と時間が解決してくれることもあります。経営者が経費削減に努め，収益を改善させ金融機関への元利金の返済を止める間に随分と税金等の滞納も減りました。ここである再生ファンドが入ってきて，メインバンクから債権を買い取ってくれ，競売手続も取り下げられました。

　再生ファンドは債務者会社が再生支援協議会の手続の中で従前提案していた大幅な債務カットを条件とする計画にも賛同してくれて，当該会社は元気に再生に向けて走り出しています。

　残念ながら，メインバンクによるリファイナンスは期待できない状況でしたが，収益力も徐々に回復してきておりますので，他行からリファイナンスを受けて，最終処理（EXIT）を目指しているところです。

　事業再生ファンドは一定の利回りを上回る回収ができれば金融機関の債権を買って，再生支援をしてくれることがあるのです。

POINT　メインバンクに見捨てられても，事業再生ファンドに救ってもらえることもある。

5-3　事業再生ファンド方式のメリット

　事業再生ファンドを活用する債務者にとってのメリットは，再生ファンドが債権を買い取った後で，リファイナンスを受ける際に，多額の債務を免除してもらえることです。

　これにより，過剰債務がなくなり，金融取引も正常化します。事業再生ファンドから，事業再構築やガバナンスの適切な助言を受けられる点も大きなメリットでしょう。

　民事再生手続とは異なり，裁判所を活用して，すべての取引業者を巻き込むスキームではありません。事業再生ファンドを活用する手法は，あくまでも金融機関のみとの交渉であり，取引業者を巻き込みませんので私的整理の一手法ということができます。

　私的整理ですので，事業価値の毀損が生じにくい点はメリットでしょう（この点のメリットは，第二会社方式と同じです）。

　第二会社方式に比べて大きなメリットは，債務免除を行う主体が金融機関ではなくなるため，**比較的，債務免除が得られやすい点**にあります。

　事業再生ファンドからすると，自分たちが金融機関から買い取った値段とプラスαの手数料で回収できれば，債務免除に応じることは問題なく，債務免除を受けることが比較的容易といえるのです。

　地元の金融機関にとっては，どうしてこの会社だけに債務免除をしたのだと批判を受けることを恐れて，債務免除に応じないケースもあります。もしくは債務者会社と何らかの事情でトラブルを抱えてしまい，今後，債務者会社の債権を持ち続けられないというようなケースもあります。

　これらのケースであっても，事業再生ファンドを活用するスキームであれば（事業再生ファンドに免除してもらうことにより），債務免除を受けられるチャンスがあるわけです。

ですので，事業価値の毀損が生じてしまうので，どうしても民事再生手続はできない。また，第二会社方式を提案しても，金融機関が債権を手放す意向を持っており，どうしても債務免除を受けられない。このようなケースの場合には事業再生ファンドに債権を買ってもらうことが考えられます。

ちなみに，金融機関にとっても，全額ではないものの，一括で債権売却代金を受け取れます。また，不良債権を無税償却でオフバランス化することができます。

貸出先の会社が再生することで，残りますので，将来的に会社が再生を果たした時には，再度，貸出しができる余地が残ることになります。景気低迷により優良な貸出先が減少している現在では，正常な取引先が残ることは，金融機関にとっても，大きなメリット・意義があるといえます。

> **POINT** 事業再生ファンドは比較的債務免除に応じてくれやすい。

5-4 事業再生ファンド方式のデメリット・限界

債務者にとってのデメリットは，金融機関が事業再生ファンドに債権を売ってくれるかどうかの主導権がないことが挙げられます。再生ファンドと金融機関次第というところがあります。信用保証協会など公的金融機関は，中小企業再生支援協議会などを活用していなければ，通常は事業再生ファンドに債権を売ってくれません。

また，事業再生ファンドとの付き合い方にも悩むことが多いでしょう。

債務者にとっては，相当厳しい内容の協定書や合意書の締結を求められるリスクもあります。

たとえば一定の条件が付いた場合の不動産の売却義務条項，取締役派遣条項

など金融機関以上に厳しい条件を求めてくる可能性もあります。弁護士抜きでこのような厳しい交渉や契約書チェックに対応するのは難しいと言わざるを得ません。

　金融機関にとっての一番のデメリットは，事業再生ファンドは，会社に対する債権を時価で買い取りますので，当然，従前の金融機関が会社に持っている貸付債権額よりも相当に低い金額で買取りを行うことになってしまうことです。無担保債権しかない場合には債権買取額は相当低額なものになるでしょう。
　また，債権買取に応じない金融機関への説明をどのように行うべきかという問題もあります。

　事業再生ファンドの活用は，活用を考える金融機関と再生ファンド次第という側面があります。事業再生ファンドへの債権譲渡は，債務者が主導で行うことができるものではなく，債権者の金融機関と事業再生ファンド双方の合意が大前提になります。

> **POINT**　事業再生ファンドの活用は債務者が主導的に行えるものではない。

6　サービサー方式のメリット・デメリット

6-1　サービサーとは

　サービサーとは，債権管理回収業に関する特別措置法（サービサー法）に基づいて法務大臣から営業の許可を得たうえで設立された株式会社です。金融機関などから債権の管理回収業務を受託して手数料収入を得たり，債権を買い取ったうえで担保不動産を処分する業務を行ったりしています。

債権の取立てを行う業者ということで恐ろしい会社というイメージを持たれている方もいますが，業務遂行にあたり，人を威迫し，またはその私生活・業務の平穏を害するような言動により，相手方を困惑させる行為は禁止されていますので，その内実を必要以上に恐れる必要はありません。

　再生を目指すサービサーは，事業再生ファンドと同様に考えられる面もありますので，事業再生ファンドとメリット・デメリットの大部分が共通すると思われます。

　ここでは一般のサービサーが債権を買い取った場合を念頭に考えてみたいと思います。

6-2　サービサー活用のメリット

　債務者にとって，サービサーに債権が移る場合のメリットとしては，低額での債権買戻しや，相当大きな額の債務免除が受けられる可能性があることです。

　会社にもよると思いますが，サービサーの場合には，将来の収益力等をあまり勘案しないで値付けをしている可能性があります。

　そこで，一定の事業性はあっても，保有資産の換価が非常に難しいような場合には（たとえば，競売をしても落とされる心配がほとんどないような場合や無担保債権しかない場合），サービサーの買取額が相当安くなっている可能性があります。

　相当安い値段でサービサーが買い取っていれば，当然のことながら，債務者会社等の債権買戻しの交渉金額も相応に安い額で妥結できる余地があるわけです。

> **POINT**　サービサーからは安く債権の買戻しができる場合もある。

6-3　サービサーからの債権買戻しにより再生した会社

　とある地方の箱物施設がサービサーによって救われました。

　弁護士が入る前から金融機関への返済が滞り，弁護士介入直後にはメインバンクに競売申立てをされてしまいました。

　競売手続が時間がかかっている間にメインバンクが債権を手放して，サービサーに譲渡される状態でした。競売での評価額は1億円以上。とても親族等でも買戻しができない金額でした。

　しかし，親族たちでお金をかき集めると，5,000万円以上のお金は何とか工面できそうな状態にありました。そこで，改めてサービサーと交渉したところ，競売での評価額を大きく下回る金額で親族が債権を買い戻すことができました。

　競売申立ては取り下げられ，事業継続は可能となりました。

　ちなみに，債権の買戻しと同時並行で，後順位の小規模金融機関の担保も抹消するなどの最終処理を行いました。その後，第二会社方式も併用して旧会社の法的処理（民事再生）など特殊なスキームを使いましたが，現在もこの会社は元気に営業を継続しています。

> **POINT**　サービサーから債権を買い戻すことで再生を果たせる会社もある。

6-4　サービサー活用のデメリット

　しかしながら，現在はサービサー業者も多数存在しており，金融円滑化法の影響もあり，サービサー会社の値付け競争も相当高くなっていると聞いています。

　その結果，従前のように少額での債権買戻交渉ができない場合も増えているようです。

また，買戻しをするためには，早期に一定のまとまったお金を用意することが必要になってしまいます。親族や取引先と交渉して，一括で当該債権を買い取れればよいわけですが，それが無理な場合には，交渉自体が非常に難しくなります。

　サービサーからの交渉に全く応答しないとか，サービサーは非常に安い金額で債権を買っているだろうと決め込んで，不誠実な交渉に終始してしまうと，早期の競売申立てのほか，強制執行や債権者破産の申立てなどの厳しい措置を取られる可能性も否定できません。
　現実に債権者破産を受けたことがあるという話を聞いたこともあります。

　サービサー活用は，債務者が主導でできるものではありません。
　金融機関との交渉がまとまらず，サービサーに債権が売却されてしまったところ，結果的にサービサーと交渉が成立したというケースがママあります。再生の現場で，一か八かでサービサー活用を目指すのはあまりにリスクが高すぎます。
　サービサー方式を活用する場合は，債権の買取り資金を用意するなど出口まで見すえた準備が必要になります。

> **POINT** 不誠実な交渉を続けると厳しい対応を取られることもある。

7　民事再生のメリット・デメリット

7-1　民事再生の特徴・メリット

　会社再生といえば，多くの経営者の方が聞いたことがあるのは，「民事再生」ではないでしょうか。

これまで検討したスキームはいずれも裁判所を活用しない「私的整理」ですが，民事再生は裁判所を活用した「法的整理＝法的手続」になります。

民事再生は法律に基づいた手続ですので，**債権者全員の同意がなくても，債務免除を受けられるのが大きな特徴・メリットになります。**

私的整理ではありませんので，第二会社方式のように債権者全員の同意は必要ありません。スポンサー型でない限り事業再生ファンドのように金融機関に債権を売却してもらうということも必要ありません。

民事再生の申立てを行うと，原則として，すべての債務の支払いを棚上げにでき，手形不渡りも生じません。また，債務の支払いが棚上げにできるので，一時的に資金繰りも改善しますので，それもメリットでしょう。

そこで，ある程度の債権者の同意を取ることが見込め，なおかつ，事業価値の毀損が大きくない場合には（説得次第で取引先がついてきてくれる場合には），民事再生で再生を目指すことも検討の1つになるでしょう。

以下，民事再生の特徴・メリットをまとめると以下のとおりになります。

① **裁判所を使う透明性のある手続ゆえの同意の得やすさ**
中立公正な裁判所（及び監督委員）が手続の進行にとって重大な意義を有することになります。法律の規定が整備されており，透明性が高い手続といえます。
透明性ある手続ゆえに，裁判所を活用しない私的整理と比べて，比較的債権者の同意が得やすい手続といえます。

② **安心して再生を目指せる**
債権者は，法律の定めによってのみ権利行使が認められます。再生手続が開始されると，原則としてすべての債務の支払いが棚上げになりますので，資金繰りも楽になります。
私的整理とは異なり，再生債権に基づいて新たな強制執行を受ける心配

もありません。手形の不渡りも防止できます。法律によって守られていますので，安心して再生を目指すことが可能です。

③ **債権者全員の同意がなくても財務内容の大幅改善が可能**

前述の私的整理の場合には，原則として，全債権者の同意が必要ですが，民事再生手続の場合，法律に基づいて，反対債権者の債権についても，債務免除を受けられます。

全債権者の同意を得られなくても，多額の債務免除を受けることができることは大きなメリットです。

④ **スケジュールが明確**

すべての手続が法律や裁判所のスケジュールに従って進みますので，スケジュールが明確という点もメリットです。

東京地裁の標準的な運用ですと，申立てから，最後の債権者集会までおおよそ5か月程度です。

⑤ **税務処理も明確**

民事再生の場合には，債権者の税務処理が明確です。民事再生計画認可決定があった場合，この決定によって切り捨てられることとなった債権の額は，その事実の発生した日の属する事業年度において貸倒れとして損金の額に算入することになります（法人税基本通達9-6-1）。

以上のようにメリットがありますので，**取引業者への支払いを止めないと資金繰りが回らない会社，何らかの理由により金融機関債権者全員の同意を取ることが困難な会社，法的トラブルを抱えているなど私的整理になじまない会社の場合には，民事再生を活用した再生が望ましい**といえます。

> **POINT** 債権者全員の同意がなくても，債務免除を受けられるのがメリット。

7-2　民事再生のデメリット

　しかし，民事再生といっても，メリットばかりではありません。
　手術を受ける以上，当然，副作用（デメリット）はあります。

　一番大きなデメリットは，原則として，すべての債権者を再生手続に取り込んでしまうことになります。
　民事再生を申し立てると，取引業者の債務の支払いが原則として停止してしまうのです。それは資金繰りの面では一時的によいのですが，一定の混乱が生じるのは事実です。
　場合によっては，取引継続を拒否されてしまうところもあるかもしれません。

　一部の仕入先の中には，支払条件の変更（たとえば現金決済）を求めてくることがあり，事業に大きなダメージが生じてしまうことがあります。
　会社の規模が大きければ，新聞等に倒産と出てしまうことも，風評被害という意味でマイナスになることが多いでしょう。
　このように民事再生の申立ては，会社の事業価値にマイナスの影響が生じることが否定できない面があります。

　特に商社など，**信用が事業価値の源泉のようなご商売**，B to Bのご商売は，スポンサーがつけば別ですが，**現経営陣が残る自主再建であれば，民事再生を利用した再生は難しい場合が多いでしょう**。民事再生による事業価値の毀損が著しい会社は，自主再建を目指すのであれば，第二会社方式や事業再生ファンドなどの私的整理の中で解決を目指すほかありません。
　逆に，旅館や小売業など一般消費者を対象としているご商売（B to C）や何らかの強みのある製造業などは，仕入れの問題さえクリアできれば，民事再生による再生が可能なケースも多いといえます。

POINT 民事再生は事業価値の毀損が生じかねないことがデメリット。

7-3 民事再生の限界

　民事再生であっても，再生が困難な場合も少なくありません。

　民事再生手続は，お金の支払いを止める制度ではありますが，一方でお金が必要な手続にもなります。

　民事再生の申立てにあたっては，**裁判所に収める予納金**が必要です。予納金は監督委員という中立の第三者に支払う報酬に充てられます。東京地方裁判所の場合の予納金の基準は以下のとおりです。

予納金基準額
　申立時に6割，開始決定後2か月以内に4割の分納を認める。
　残る4割の納付については，2回までの分納を認める。

東京地裁の法人申立ての標準額

負債総額	基準額
5千万円未満	200万円
5千万円〜 1億円未満	300万円
1億円〜 5億円未満	400万円
5億円〜 10億円未満	500万円
10億円〜 50億円未満	600万円
50億円〜 100億円未満	700万円
100億円〜 250億円未満	900万円
250億円〜 500億円未満	1,000万円
500億円〜1,000億円未満	1,200万円
1,000億円以上	1,300万円

　当然，申立てにあたっては，再生専門の弁護士が必要です。代理人弁護士費用は，着手金と報酬金に分けられますが，民事再生手続の場合には，多数の法律問題が生じることもありますので，月額の顧問料も必要になることがあります（133頁のコラム「再生案件の専門家費用はどの程度を考えておけばよいのか」参照）。

　このように民事再生には一定の費用が必要になりますので，事業規模が小さい会社，資金的にあまりに厳しい会社の場合は申立てすらできないことも少な

くありません。

　また、**税金の滞納や従業員の給与未払いは、一般優先債権といって、民事再生の申立てを行っても棚上げの対象になりません。**つまり、これらの費用は民事再生手続の中でも最優先で支払う必要があるわけです。あまりに税金等の滞納額が多い場合、その他の一般債権（再生債権）の支払いができなくなってしまい、再生手続の同意の見込みが全くないということになってしまいます。

　そこで、税金等の一般優先債権の滞納額があまりに多い場合には、民事再生を使っても再生は厳しいと言わざるを得ません（逆にいえば、再生を目指すのであれば、税金や給与未払いは絶対に避けるべきということになります）。

　このような場合には、後述の延命策（⇒9項参照）ないし破産手続による再生（⇒8項参照）を検討することになります。

> **POINT** 民事再生のコストを支払えるかと税金の滞納がないかはよく確認すること。

column　民事再生でも商取引債権者を保護する

　民事再生を申し立てると，原則として，申立前は保全処分により取引業者への支払いができなくなりますし，民事再生手続開始決定後から，取引業者の債権（再生債権の場合）の支払いができなくなります。
　しかし，商取引債権者に対し支払いができないことにより，今後の取引継続の拒否，支払条件の変更（たとえば現金決済）を求めてくることがあり，事業に大きなダメージが生じてしまうことがあります。
　そうなってしまうと，商取引債権者以外の債権者（主に金融機関になるでしょう）への返済額も減ってしまい，債権者すべてが損をしてしまうことになるわけです。
　そこで，事業価値のダメージを避け，商取引債権者以外の債権者（主に金融機関になるでしょう）の債権回収額を増やすためにも，商取引債権の支払いができないか検討することもあります。
　たとえば以下の方法が考えられます。

(1) 申立前の留意点及び仕入停止
　当然のことながら，民事再生の申立てをすることを決意したのであれば，仕入れは停止すべきです。漫然と直前まで仕入れを続けていたとなれば，「取込詐欺」という批判を受けて，トラブルになってしまうでしょう。こうなると再生に協力を求めることも難しくなり，ひいては再生計画作成にも大きな支障が出てしまうこともあるでしょう。

(2) 弁済禁止の保全処分の例外としての弁済（民事再生法30①）
　前述のとおり，民事再生の申立てと同時になされる弁済禁止の保全処分により，全債権の弁済が否定されると，事業活動に大きなマイナスの影響がありますので，少額の債権は弁済禁止の保全処分の対象外とされています。
　東京地裁では，資金繰りに支障がない案件の場合は，10万円以下の少額債権を対象外とすることがあります。

(3) 民事再生申立後開始前の仕入れ分（民事再生法120①②）
　民事再生申立後，開始決定前の仕入債務も「民事再生開始決定後」になると，

「再生債権」となり，弁済ができなくなってしまいます（民事再生法85①）。
　そこで，開始決定前にこの債権の「共益債権化」をするために裁判所の許可または監督委員の承認をとります。
　実務上は，「包括的承認」をとり（民事再生法120①②），商品の仕入れ等の日常的な取引については包括的許可や同意を得ておきます。

(4) 手続円滑化のための少額弁済（民事再生法85⑤前段）

　民事再生手続開始決定後は，再生債権の弁済は禁止されますが（同法85①），債権者数を絞ることで，再生計画案の立案を容易にするなど円滑な進行を図る趣旨で，一定の少額債権について，弁済禁止の例外とするよう求めることができます（同⑤前段）。

(5) 中小企業者の債権に対する弁済（民事再生法85②）

　再生債権者のうち，再生債務者を「主要な取引先（販売先）」とする中小企業が，再生債務者の弁済を受けられなければ，事業の継続に著しい支障をきたすおそれがあるときには，再生債権の弁済を許可する制度があります（民事再生法85②〜④も参照のこと）。

(6) 事業の継続に著しい支障をきたす場合の少額債権の弁済（民事再生法85⑤後段）

　取引業者の再生債権を弁済できなければ，再生債務者の事業継続に著しい支障が生じることがありますので，取引業者への支払いをすることで，再生債務者の事業価値の毀損が防止され，取引業者の弁済をしない場合と比べて，他の再生債権者（一般的には銀行）の債権回収額が増大する（弁済率向上）関係が認められれば，裁判所の許可を前提に，弁済を行うことが可能です（民事再生法85⑤後段）。

(7) 再生計画上の少額債権弁済に関する別段の定め（民事再生法155①但書）

　再生計画は平等であることが原則ですが，少額の再生債権については，別段の定めをすることが可能となっています（同法155①但書）。そこで，少額の債権部分は手厚く支払うなど（傾斜配分の計画），比較的商取引債権の支払いを厚くした計画を立案することは可能です。

8 破産や競売(+α)方式のメリット・デメリット

8-1 破産手続での再生とは

　破産というのは，基本的に事業を清算するための手続ですので，破産による事業再生というと，違和感を持たれる方も多いと思います。

　破産手続が開始しますと，破産会社の管理処分権は破産管財人が持つことになります。破産会社の保有する在庫・工具・器具・備品等を買い取ることにより，別の場所で新規事業を行うことも考えられます。このように破産管財人から在庫等を買い取ることで，法人格は別個になりますが，事業継続が可能になるといえるのです。

Ⅵ　出口戦略の具体策

　破産手続前に在庫・工具・器具・備品等を購入することも考えられなくはありません。破産手続前は，代表取締役が会社の管理処分権を持っていますので，適正な対価であれば，在庫・工具・器具・備品等を処分することは法的には問題がないといえます。たとえば，破産手続の申立てを待っていては，時間がかかってしまい，価値が下がってしまうような場合や破産手続の費用を準備するためにも，一定の資産の換価が必要になる場合には破産手続前に処分するほうが合理的な場面もあるでしょう。

　同様に競売手続の中で，不動産を身内の会社に落札してもらったり，任意売却してもらい，リースバックを受けて，全くの別会社で事業を始めることも考えられます。

> **POINT**　破産をした会社から資産を買い取って，新たに事業を始めることもできなくはない。

8-2　破産手続を利用する再生のメリット

　一番のメリットは，新しい事業主が比較的廉価で必要な資産を買い取ることができることです。

　破産管財人は早期に資産を換価しなければならないため，また，事業自体は破産手続により大きく毀損していますので，事業譲渡代金も低廉になることです。個別の資産譲渡の場合は，相当安く資産を買い取れるでしょう。

　同様に競売手続の場合も，不動産の譲渡代金は時価よりも下がっていることが多いので，比較的安い値段で事業に必要な資産を買い戻せるチャンスといえるのです。

　破産手続のメリットとしては，債権者の意向を聞くことなく，**裁判所の許可で事業譲渡が可能なこと**です（破産法78②三）。**個別の資産の譲渡**についても，

同様に**債権者の同意**までは必要ありません。

　さらに，大きなメリットとしては，**債務者の過去の未払いの税金等を切断することができる**ことです（ただし，第二次納税義務に留意する必要はあります）。

　そこで，税金や従業員の給与の未払額が多すぎて，とても現法人を活用して民事再生を目指すことが無理な場合などは破産手続を利用して，一度過去の垢をきれいにしてから，新会社を立ち上げて，事業再生を目指すことも考えられなくはありません。

　しかも従業員の過去の給与未払いは，**労働者健康福祉機構の「立替払制度」を活用することにより，以下の上限額までは，約8割の未払給与が従業員に支給される**点もメリットといえるでしょう。

　なお，立替払いを受けることができるのは，15頁のコラムのとおり退職日の6か月前から，労働者健康福祉機構に立替払いを請求した日の前日までに支払期日が到来した，未払いの定期賃金および退職金の8割になります。

8-3　破産手続前の事業譲渡で事業を守った例

　破産直前に第三者（スポンサー）に事業を譲渡して，事業を守った例があります。

　この会社は，社会人向けのスキルアップを目指す語学スクールと法人研修等を行っておりました（少し事例は変えています）。しかしながら，リーマンショックにより，研修事業が激減。それにもかかわらず，本業のスクールは好調だったため，リ・スケジュール等も行いませんでした。

　さらに，東日本大震災により，さらに業績が悪化し，社長の親族から借入れをし，銀行返済は金利だけにしましたが，資金が足りず，社会保険料や従業員の給与まで滞納してしまいました。一部の校舎の貸主に対して預けていた保証金返還請求権は年金事務所に差押えされる始末でした。

　その後，弁護士が入り，民事再生を検討したものの，従業員の給与や社会保

険料等の滞納額が多大であり，また，民事再生手続申立てによる信用不安により，スクール受講生が激減することが想定され，そうなると，到底，清算価値保証原則（0％でしたが）を上回る再生計画の立案ができないことが判明しました。

もっとも，単純に破産してしまいますと，数千人いる受講生は会社に前払金（会社から見ると前受金）を支払っていますので，それらが保護されないことになってしまいます。そうなると大混乱が生じます。また，100名を超す従業員の雇用も何とか守りたいと思いました。

確かに破産手続中に，破産管財人に事業譲渡を行ってもらうことも考えられますが，そうすると数千人いる受講生も破産手続に巻き込むことになってしまいます。混乱が生じ，新会社に受講生が移るかどうかも極めて不透明であって，

column 第二次納税義務には注意が必要

破産前の事業譲渡のほか，いわゆる第二会社方式スキームを検討する場合は，原則として，税金，社会保険料等の公租公課を新会社に承継させることが望ましいといえます。

なぜなら，税金，社会保険等の公租公課は，破産手続，民事再生手続などの法的整理においても優先的な取扱いを受けており，私的整理を行うことで，これら優先的に保護される債権が保護されなくなるのは，不当であるからです。

もっとも，あまりに公租公課が大きくて，破産前に事業を譲渡するしかない場合もあります。そのような場合には，税金，社会保険等の公租公課を承継させない事業譲渡をせざるを得ないのでしょう。

ただし，その場合には，いわゆる第二次納税義務には注意が必要です。

国税徴収法には第二次納税義務というのが定められていて，一定の場合に，他人の税金を支払わなければならないことがあるわけです。同族会社，親族等の特殊な関係にあるものが譲渡を受ける場合や無償（又は著しい低額）の譲渡は第二次納税義務に当たり，譲渡先が一定の公租公課を負担させられるリスクがありますので注意が必要です。

事業の買い手がいなくなってしまうことが明らかな状況でした。

そこで，破産前に何とか譲渡先を見つけて，受講生の前受金債務を引き継いでもらう形で事業譲渡を行うことを決意したのですが，社会保険料の滞納があるため，いつ各校舎の賃貸借契約の貸主に預けている保証金が差し押さえられるかわからない状態で，速やかに事業譲渡をしなければなりませんでした（会社分割手続を行う時間的余裕はありませんでした）。

事業譲渡の対価は数百万円でしたが，譲渡先に移す資産・負債の差額（純資産）を根拠としました（各スクールの賃貸借契約の敷金返還請求権から未払賃料や想定される原状回復費用，それに新会社が受講生の前受金債務等を考慮しました）。

本件は破産になった場合には，破産手続で換価できる資産がほとんどなかったこと，多額の社会保険料を滞納していたことから，清算価値が全く見込めない案件でした。そのため，事業譲渡の対価について，金融機関（債権者）や破産管財人から異議は出されませんでした。

幸い，大部分の賃貸借契約の貸主も新会社に賃借権を承継することに同意してくれました。従業員も大部分が新会社で新規に採用され，雇用も守られました。また，未払賃金についても，破産手続により，未払賃金立替払制度により，保護されることになりました。

8-4 破産手続を利用した再生のデメリット・留意点

もちろん破産手続を活用する手法には，デメリットがあります。どうしてもこの手法しかないときの最後の手段といえるでしょう。

まず，破産手続を利用しますので，破産管財人次第という側面があります。破産管財人が従来の経営者や従業員が立ち上げた新会社に事業や資産を売ってくれるかわからないわけです。第三者と競合になる可能性もあり，自分たちが想定した金額で必ずしも買い取れるとは限りません。換価の対象となる資産が管財人が容易に換価できるものなのかそうでないのかの見極めが重要です。

破産手続前に換価することも考えられますが，不当に安い値段で換価することが許されるはずもありません。**合理的な値段であることが必要です。**たとえば複数の中古買取業者に見積りを取らせるなど証拠は残しておくべきです。

換価した代金については，きちんと管理することが必要不可欠です。身内にだけ返済するなどの偏頗行為をしてはいけません。破産手続費用等の合理的な費用以外に費消するのは適切ではないでしょう。換価した代金は代理人弁護士に預けるなどきちんと管理しておくべきです。何らかの事情で費消する場合でも，事後的に説明できるように使途が分かるようにしておかなければなりません。

最大の問題は，事業価値の毀損が民事再生以上に大きいことです。多くの得意先・仕入先との関係が切れてしまうことが考えられます。運転資金が必要な事業の場合は特に厳しいでしょう。

破産を申し立てたくらいですから，基本的にそれほど儲かる事業ではないはずです。新しくビジネスを始める経営者は，破産会社がどうして失敗したのかをよくよく分析して，同じ失敗をしないように十分に準備することが大事でしょう。

このスキームを実行するにあたっては，再生案件に習熟した弁護士のサポートが不可欠でしょう。また，新会社の社長に新規ビジネスに近い状態で始めるくらいの熱い気持ちがなければ，再生は難しいでしょう。

9 収益回復待ちスキーム

9-1 民事再生もできないし，第二会社方式も取れない，でも事業は続けたい

会社が窮境に陥る原因として，近時は，売上げが徐々に落ち込み，赤字が膨

らんでいく収益悪化型が多いといわれています。

　このような会社は少しずつ会社の状況が悪化していることが多いので，だましだまし会社経営をされている方が多いともいえます。その結果，従業員の賃金を未払い（遅配）にしていたり，税金・社会保険料の滞納も多額になっていることが少なくありません。

　この種の会社は非常に多いですが，病気でいえば，特効薬が見当たらない難しい症状（末期的症状）ともいえます。打つ手がなかなかないという意味で非常に苦労することが多いです。監督指針では廃業を促すことも記載されております。

　それでも半年以内に収益回復ができるような場合には，リ・スケジュールや第二会社方式などの自主的に再生を目指す手法を選択することができるわけですが，収益力が厳しく，返済原資が出てこないため，収益力が回復するまでは，これらの再生手法を選択することは難しいと思われます。
　また，税金の滞納が多い場合には，いつ差押等を受けて事業遂行が不可能になるかもわからず，再生計画の履行可能性も必ずしも高いとはいえません。
　さらに，第二会社方式の場合に，税金を旧会社に残置するスキームを取った場合，税金逃れになりますし，いわゆる第二次納税義務により新会社が税負担を免れられないリスクも高いといえます。

　事業再生ファンドが買おうにも収益力が出る見込みが乏しい会社の債権を買い取ってもらうのは相当ハードルが高いといえます。
　民事再生手続を申し立てるにも，滞納税金額が多すぎるような場合には，滞納税金は再生計画により権利変更（債権カット）の対象になりませんので，再生計画の履行が難しいと判断され，認可されることは厳しいと言わざるを得ません。
　何よりも民事再生の申立てにより，かえって事業価値が毀損してしまっては，

何のために申立てをするのか意味がわからなくなってしまいます。

　そのような場合でも，社長の熱意があり，抜本的事業再構築を講じられるのであれば，破産（清算）をしてしまうのはもったいない場面もあります。
　そのような場合には，収益の回復を待って，税金の滞納も少しでも減らして，それ以降に上記スキームのどれかを選択することも考えられるでしょう。

> **POINT** 赤字続きや税金滞納等の末期的会社の場合はリ・スケジュール，第二会社方式，民事再生手続などの方法をとることは困難。収益力の回復と滞納税金の解消を目指すほかない。

9-2　収益回復待ちスキームのメリット

　このスキームのメリットとしては，社長や社員の頑張りにより，事業の再構築がうまく進めば，直ちに破産するよりも多い配当（返済）を債権者に提供することが可能になることです。
　何よりも従業員の雇用の維持など事業再生の意義があります。
　収益が回復しないままに，債権者の意向を無視して，会社分割を行うなどの荒っぽい手法と比べ，債権者のことを考えたスキームといえ，その意味で誠意もあります。
　その上で，一定の収益回復が実現できて，税金の滞納ができれば，それこそリ・スケジュール，第二会社方式，民事再生方式，事業再生ファンド方式などあらゆる可能性が見えてきます。

　この手法が取り得るのは，金融機関が債権回収を諦めているような会社の場合でしょう。
　たとえば，破産時配当が0％の会社の場合，競売手続をしようにも担保不動産がない会社の場合などは，金融機関としてもサービサーに売却する以外に打

つ手がありませんし，サービサーへの売却代金も非常に小さいでしょうから，売却するメリットも乏しいといえます。

　税金も滞納しているわけですから，所定の金利全額は到底支払えないですし，税金の滞納解消を早期にすべき観点からは，金利全額も支払うべきではないでしょう。
　収益力を回復して，優先的に税金滞納に充当した後は，ほとんどお金は残らないでしょうから，金融機関には，最低限度の管理費用程度の金利（たとえば，有利子負債の0.5％など）を支払う計画を提示するほかないでしょう（もちろん金融機関との間で合意成立までは出来ないため，延滞状態は続きますが，やむを得ません）。

　いうまでもありませんが，そのような状況を知って，事業再構築を取らないまま漫然と待たせるのは不誠実な対応と言わざるを得ません。事業再構築を行い，黒字化を実現して，滞納税金を少しでも減らすことが正義になります。

> **POINT** 収益の回復が進み，税金の滞納が減ってくれば，最終的な再生スキームを選ぶことが可能になる。

9-3　収益回復待ちスキームのデメリット

　このスキームのデメリットとしては，金融機関や公訴公課債権者がいつまで待ってくれるかわからないことです。場合によっては，信用保証協会に代位弁済されサービサーに譲渡されてしまうかもしれません。
　もちろんサービサーへの譲渡は，悪い面ばかりではありませんが，強硬な対応を取られてしまうリスクがあることは前述のとおりです。
　また，どうしても問題解決が遅くなってしまいます。経営者・従業員の方の熱意・頑張りがどこまで持つかという問題もあります。

言ってみればマイナスからのスタートといっても過言ではありませんので，連帯保証人が責任追及される問題を除けば，破産申立てを行ったうえで，完全な新会社（別会社）を立ち上げるスキームの方が合理的かもしれません。

債権者にとってのデメリットとしては，収益の回復を待っている間に，結果的に事業の再構築がうまくいかず，従前よりも回収額が減ってしまう可能性があることです。

このスキームを採用する場合には，金融機関に対して，きちんと情報提供を行い，信頼関係を得ることが大切です。

できることであれば，金利全額ではないとしても，一部の利払いも行うと待ってもらえる可能性は高まるでしょう。金利全額は支払えないとしても，たとえば年0.5％に設定して，きちんと支払うこと，平等に取り扱うこと，優先して支払うべき滞納債務の返済の見通しを示すことが必要でしょう。

債務者だけが説明を行っても信用してもらえないことも多いでしょうから，弁護士などの専門家に入ってもらって説明したほうがよいでしょう。

> **POINT** 金融機関を待たせる以上，誠実に情報提供を行い，信頼関係を得ること，各行を平等に扱うこと，滞納債務の解消の見通しを示すことが大事。

VII 協議会等の公的機関の利用・スポンサースキームについて

1 第三者の力を借りる方法もある

　Ⅵでは，前提として，再生を目指す会社が主体的に取り組む方法を書いてきました。

　もちろん会社が単独で再生を目指すことができれば，それでよいのですが，公的な機関に再生計画の策定を支援してもらった方が債権者の理解を得やすい場合があります。政策パッケージでも，企業再生支援機構や中小企業再生支援協議会の機能及び連携の強化が謳われており，積極的な活用が求められているといえます。

　そこで，協議会等の公的機関の概要とこれら公的機関を活用した場合のメリット・限界についてもご説明したいと思います。

　また，私的整理においても法的整理においても，スポンサーの活用を求められることが多いといえます。

　そこで，スポンサーを活用して再生を目指す場合のメリット・注意点についてもご説明したいと思います。

2 公的機関を利用しての再生

2-1 中小企業再生支援協議会とは

　中小企業再生支援協議会は，いわゆる産活法に基づき，経済産業大臣から中小企業再生支援業務を行うものとして認定された「認定支援機関」に設置される組織です。各地の商工会議所等が認定されており，現在，全国47都道府県に1か所ずつ設置されています。

　中小企業再生支援協議会の支援対象となる「中小企業者」は，産業活力再生

特別措置法第2条第17項に定められており、具体的には以下のとおりです。

業種	資本金	従業員数
製造業・その他の業種(*1)	3億円以下	300人以下
卸売業	1億円以下	100人以下
小売業	5,000万円以下	50人以下
サービス業(*2)	5,000万円以下	100人以下

（資本金又は従業員のどちらか一方が該当すれば対象となります）

＊1　その他の業種には、鉱業、建設業、電気・ガス・熱供給・水道業、運輸・通信業、金融・保険業、不動産業が含まれます。
＊2　サービス業には、クリーニング業、物品賃貸業など、日本標準産業分類の大分類L―サービス業に分類される業種が該当します。

　再生計画を策定するに当たっては、以下の数値基準を満たすことが求められています。過剰債務を抱えている場合には、債権カットなくしてたとえば5年以内の実質債務超過解消という要件が実現できませんので、第二会社方式など財務内容を抜本的に改善する計画を立案することが必要になります。

---

① 　3年以内の経常利益黒字化
② 　5年以内の実質債務超過解消
③ 　再生計画の終了年度（概ね5年後）に10倍以内の有利子負債対キャッシュ・フロー倍率
　　ただし、目安を超える期間の計画であっても、企業の業種特性や固有の事情等に応じた合理的な理由がある際には、目安を超えることも許容される場合があります。

　Ⅱの金融円滑化法終了への対応策において説明しましたが、政策パッケージでは、再生支援協議会の機能強化が謳われています。具体的には、再生支援協議会が実施していた再生計画策定支援にかかる1案件あたりの標準処理期間を2カ月に設定し、平成24年度に全体で3,000件を目指すとあります。これは従

Ⅶ 協議会等の公的機関の利用・スポンサースキームについて

来の約10倍の数になります。

　そのため，再生支援協議会は財務面及び事業面の調査分析（デューデリジェンス，DDと省略することもあります）を事案によっては省略することができるとされ，時間の大幅短縮を可能にすることを目指しています。

　再生支援にかける時間が短縮化されるということは，逆に言えば，利益が出ていないとか，過去に粉飾を行っていたなど問題を抱えている会社の場合には，金融機関との事前調整や事前準備がこれまで以上に大事になってくることを意味しています。自分たちだけで対応が難しい場合には，弁護士などの専門家に相談しながら進めることが必要になってくると言えるのです。

　各地の協議会の連絡先は以下のとおりです。

協議会名	設置主体	郵便番号	住所	電話番号	FAX番号
北海道中小企業再生支援協議会	札幌商工会議所	060-0001	札幌市中央区北1条西2丁目 北海道経済センター6階	011-222-2829	011-222-6162
青森県中小企業再生支援協議会	（財）21あおもり産業総合支援センター	030-0801	青森市新町2-4-1 青森県共同ビル7階	017-723-1021	017-773-5236
岩手県中小企業再生支援協議会	盛岡商工会議所	020-0875	盛岡市清水町14-17 中圭ビル104号室	019-604-8750	019-624-2300
宮城県中小企業再生支援協議会	（財）みやぎ産業振興機構	980-0011	仙台市青葉区上杉1-17-7 仙台上杉ビル2階	022-722-3858	022-227-0187
秋田県中小企業再生支援協議会	秋田商工会議所	010-0923	秋田市旭北錦町1-47 秋田県商工会館6階	018-896-6150	018-863-3753
山形県中小企業再生支援協議会	（財）山形県企業振興公社	990-8580	山形市城南町1-1-1 霞城セントラル13階	023-646-7273	023-646-7274
福島県中小企業再生支援協議会	（公財）福島県産業振興センター	960-8053	福島市三河南町1-20 コラッセふくしま6階	024-525-4091	024-525-4079
茨城県中小企業再生支援協議会	水戸商工会議所	310-0803	水戸市城南1-2-43 NKCビル5階	029-300-2288	029-224-6055
栃木県中小企業再生支援協議会	宇都宮商工会議所	320-0806	宇都宮市中央3-1-4 栃木県産業会館7階	028-610-4110	028-632-5867
群馬県中小企業再生支援協議会	（財）群馬県産業支援機構	371-0854	前橋市大渡町1-10-7 群馬県公社総合ビル2階	027-255-6505	027-255-6165

埼玉県中小企業再生支援協議会	さいたま商工会議所	330-0063	さいたま市浦和区高砂3-17-15 さいたま商工会議所会館5階	048-836-1330	048-838-7811
千葉県中小企業再生支援協議会	千葉商工会議所	260-0013	千葉市中央区中央2-5-1 千葉中央ツインビル2号13階	043-201-3331	043-227-1156
東京都中小企業再生支援協議会	東京商工会議所	100-0005	東京都千代田区丸の内3-2-2	03-3283-7425	03-3283-7429
神奈川県中小企業再生支援協議会	(公財)神奈川産業振興センター	231-0015	横浜市中区尾上町5-80 神奈川中小企業センタービル3階	045-633-5143	045-633-5144
新潟県中小企業再生支援協議会	(財)にいがた産業創造機構	950-0078	新潟市中央区万代島5番1号 万代島ビル9階	025-246-0096	025-246-0037
長野県中小企業再生支援協議会	(財)長野県中小企業振興センター	380-0928	長野市若里1-18-1 長野県工業技術総合センター3階	026-227-6235	026-227-6086
山梨県中小企業再生支援協議会	(公財)やまなし産業支援機構	400-0055	甲府市大津町2192-8 アイメッセ山梨3階	055-220-2977	055-220-2978
静岡県中小企業再生支援協議会	静岡商工会議所	420-0851	静岡市葵区黒金町20-8	054-253-5118	054-253-7895
愛知県中小企業再生支援協議会	名古屋商工会議所	460-0008	名古屋市中区栄2-10-19 名古屋商工会議所ビル7階	052-223-6953	052-223-6956
岐阜県中小企業再生支援協議会	岐阜商工会議所	500-8727	岐阜市神田町2-2 岐阜商工会議所ビル3階	058-212-2685	058-263-4331
三重県中小企業再生支援協議会	(財)三重県産業支援センター	514-0004	津市栄町1-891 三重県合同ビル6階	059-228-3370	059-213-1102
富山県中小企業再生支援協議会	(財)富山県新世紀産業機構	930-0866	富山市高田527 情報ビル2階	076-444-5663	076-444-5618
石川県中小企業再生支援協議会	(財)石川県産業創出支援機構	920-8203	金沢市鞍月2-20 石川県地場産業振興センター新館2階	076-267-1189	076-267-5563
福井県中小企業再生支援協議会	福井商工会議所	018-8580	福井市西木田2-8-1	0776-33-8293	0776-33-8295
滋賀県中小企業再生支援協議会	大津商工会議所	520-0806	大津市打出浜2-1 コラボしが21 9階	077-511-1529	077-522-4300
京都府中小企業再生支援協議会	京都商工会議所	604-0862	京都市中京区烏丸通夷川上る 京都商工会議所6階 中小企業経営相談センター内	075-212-7937	075-212-7561
奈良県中小企業再生支援協議会	奈良商工会議所	630-8586	奈良市登大路町36-2	0742-26-6251	0742-24-7022
大阪府中小企業再生支援協議会	大阪商工会議所	540-0029	大阪市中央区本町橋2-8	06-6944-5343	06-6944-5346
兵庫県中小企業再生支援協議会	神戸商工会議所	650-8543	神戸市中央区港島中町6-1	078-303-5852	078-303-5853

Ⅶ 協議会等の公的機関の利用・スポンサースキームについて

和歌山県中小企業再生支援協議会	和歌山商工会議所	640-8567	和歌山市西汀丁36	073-402-7788	073-402-7789
鳥取県中小企業再生支援協議会	(財)鳥取県産業振興機構	689-1112	鳥取市若葉台南7-5-1	0857-52-6701	0857-52-6710
島根県中小企業再生支援協議会	松江商工会議所	690-0886	松江市母衣町55-4 松江商工会議所ビル6階	0852-23-0701	0852-23-0553
岡山県中小企業再生支援協議会	(財)岡山県産業振興財団	701-1221	岡山市北区芳賀5301 テクノサポート岡山4階	086-286-9682	086-286-9683
広島県中小企業再生支援協議会	広島商工会議所	730-0011	広島市中区基町5-44 広島商工会議所ビル5階	082-511-5780	082-222-6733
山口県中小企業再生支援協議会	(財)やまぐち産業振興財団	753-0077	山口市熊野町1-10 ニューメディアプラザ山口8階	083-922-9931	083-922-9932
徳島県中小企業再生支援協議会	徳島商工会議所	770-0902	徳島市西新町2-5 徳島経済センター4階	088-626-7121	088-626-7124
香川県中小企業再生支援協議会	高松商工会議所	760-8515	高松市番町2-2-2 高松商工会議所会館3階	087-811-5885	087-821-6007
愛媛県中小企業再生支援協議会	松山商工会議所	790-0067	松山市大手町1-11-1 愛媛新聞・愛媛電算ビル3階	089-915-1102	089-915-1105
高知県中小企業再生支援協議会	高知商工会議所	780-0870	高知市堺町2-26 高知中央第一生命ビル5階	088-802-1520	088-802-1521
福岡県中小企業再生支援協議会	福岡商工会議所	812-8505	福岡市博多区博多駅前2-9-28 福岡商工会議所ビル9階	092-441-1221	092-441-1222
佐賀県中小企業再生支援協議会	佐賀商工会議所	840-0831	佐賀市松原1-2-35 佐賀商工会館地階	0952-27-1035	0952-27-1034
長崎県中小企業再生支援協議会	長崎商工会議所	850-0031	長崎市桜町4-1 長崎商工会議所3階	095-811-5129	095-827-8974
熊本県中小企業再生支援協議会	熊本商工会議所	860-0022	熊本市横紺屋町10 熊本商工会議所ビル3階	096-311-1288	096-311-1260
大分県中小企業再生支援協議会	大分県商工会連合会	870-0023	大分市長浜町3-15-19 大分商工会議所ビル3階	097-540-6415	097-537-8577
宮崎県中小企業再生支援協議会	宮崎商工会議所	880-0805	宮崎市橘通東1-8-11 宮崎商工会館6階	0985-22-4708	0985-22-2178
鹿児島県中小企業再生支援協議会	鹿児島商工会議所	892-0842	鹿児島市東千石町1-38 鹿児島商工会議所ビル5階	099-805-0268	099-225-9510
沖縄県中小企業再生支援協議会	那覇商工会議所	900-0033	那覇市久米2-2-10 那覇商工会議所ビル4階	098-868-3760	098-868-3770

http://www.chusho.meti.go.jp/keiei/saisei/kyogikai_ichiran.htm

2-2　中小企業再生支援協議会のメリット

　私的整理における公的な相談機関としては,「中小企業再生支援協議会」のほかに「特定調停」,「RCC」,「事業再生ADR」,「企業再生支援機構」等が挙げられます。

　しかし,「RCC」,「企業再生支援機構」は主要金融機関が積極的かつ主体的に関与することが求められています。そこで,実務上,中小企業が活用するのには相当高いハードルがあると思われます。

　また,「事業再生ADR」,「特定調停」は,利用する際の手数料等が生じますので,これらの費用が不要な「中小企業再生支援協議会」に比べて割高といえます。

　これに対して,「中小企業再生支援協議会」は,公的な相談機関の中で最も中小企業再生に適した相談機関といえるでしょう。

　まず,全国47都道府県に1か所ずつ設置されていますので,東京に出てくる必要がない点は地方の中小企業にとっては大きなメリットでしょう。

　また,再生手続のために必要な「財務DD」「事業DD」を事前に実施することが求められておらず,事前準備をしていない場合も利用できるのはメリットでしょう。

　さらに,協議会自体の手続費用が不要であること,再生の専門家である「財務DD」「事業DD」費用（公認会計士費用,コンサルティング会社費用,不動産鑑定士費用）については負担する必要がありますが,一定の費用の補助が受けられる場合があることから,手続費用が安い点も大きなメリットといえます。

　したがって,中小企業が私的整理において再生を目指す際に利用する公的機関としては,「中小企業再生支援協議会」が最も多いのが実情です。

2-3　企業再生支援機構とは

　企業再生支援機構は,地域経済の再建を図り,併せてこれにより地域の信用秩序の基盤強化にも資するようにするため,有用な経営資源を有しながら過大な債務を負っている中堅事業者,中小企業者その他の事業者の事業の再生を支

Ⅶ 協議会等の公的機関の利用・スポンサースキームについて

援することを目的として，国の認可法人として設立された株式会社です。再生支援協議会が受けることが出来ない中小企業者の定義に当てはまらない会社や病院・学校法人等も支援対象にすることが出来ます。

　支援機構は，債権の買取，出資，融資を行うことが出来るなど強力な機能を有しています。また，政策パッケージを受けて，公認会計士，弁護士等に支払う資産査定（DD）の費用の低減も図られ，中小企業の場合，会社側の負担は10分の1に抑えられることになりました（残額は機構が負担）。

　もっとも，支援決定に至るためには，再生企業と主要債権者（メインバンクなど）の連名による申入れが必要とされていますし，支援決定の際には企業名等が公表されますので，事前準備や根回しが重要になります。

2-4　東日本大震災事業者再生支援機構（震災支援機構）とは

　東日本大震災は，被災地の企業に甚大な損害を与えました。原発の影響で苦しむ企業も少なくありません。

　このように震災被害が甚大な地域の企業，原発による影響に苦しむ企業は，被災によって従前の債務の返済が出来なくなり，融資を必要としている会社もあるでしょう。被災によって，債務の返済が困難になってしまった会社もあるでしょう。再生計画の策定をどうすれば良いのか悩む会社もあるでしょう。震災支援機構は，東日本大震災の影響により過大な債務を負ってしまった事業者の負担を軽減し，被災地域での再生を支援する目的で国によって設立された会社で，これらの悩みに対応することを目的としています。

　ちなみに，債務者企業の過剰債務については，同機構による債権の買取りとその後の債権放棄により，解消することが期待できます。支援するかどうか，債権買取等をするかの基準は，以下のとおりです。再生支援協議会の実施基本要領の数値基準に比べると，被災地企業である特殊性に鑑み，基準が緩和されており，数多くの企業に利用されることが期待されています。

> ① 再生支援の申込みに当たり，メインバンク，スポンサー等から貸付け，出資が見込まれること
> ② 15年以内に有利子負債のキャッシュ・フローに対する比率が15倍以内となること
> ③ 5年以内に営業損益が黒字となること（補助金等で経常黒字の場合も配慮）
> ④ 15年以内に債務超過が解消される見込みであること

2-5　東京地方裁判所民事第8部の特定調停とは

　東京地方裁判所民事第8部（商事部・会社更生部）で行う「特定調停」の制度もあり，金融機関のみを対象として債権者集会を開催してもらい，金融機関調整を図ることもあります。

　裁判所を活用しますが，全債権者を対象とするわけでありません（金融機関のみを対象とします）ので，事業価値の毀損が生じにくい点がメリットといえます。また，何らかの理由により協議会活用ができない案件も対応してくれますし，必ずしも数値基準に拘束されませんので，その意味で柔軟な制度といえます。

　もっとも，協議会に比べると相応に高い手続費用が生じてしまうという問題があること，金融機関に対しても比較的知名度が低いことなどから，それほど多く活用されていないのが実態と思われます。

POINT　中小企業にとっても最も相談しやすいのは中小企業再生支援協議会。被災地企業は震災支援機構の支援もありうる。

2-6　中小企業再生支援協議会等公的機関の限界について

　残念ながら，中小企業再生支援協議会等の公的機関は非常に有意義な機関で

Ⅶ 協議会等の公的機関の利用・スポンサースキームについて

はあるものの，一定の限界があることも事実です。

① 私的整理にしか活用できない

　私的整理の枠組みの中で利用する機関であります。当然のことながら法的処理は裁判所になりますので，それらには活用はできません。

② 複雑な問題を抱えている場合には活用できないこともある

　私的整理である以上，全金融機関の理解を得られる計画を立案する必要があります。

　逆にいえば，色々と複雑な問題を抱えている会社の場合には協議会として専門家チームを組んで取り組んでもらえないことも多いでしょう。

　たとえば，①不渡リスクがある会社，②資金ショートリスクがある会社，③税金滞納が多い会社，④多額の保証債務を抱えている会社，⑤訴訟等を抱えている会社など色々とトラブルを抱えている会社，⑥収益力が低すぎる会社の場合には，専門家チームを組んで処理してもらうこと（第二次対応といいます）まで進むことは難しいことも多いでしょう。

　もっとも，事前相談（第一次対応）は無料ですので，まずは相談してみるとよいでしょう。

③ あくまでも中立・公平の立場にあること

　これはメリットでもあり，だからこそ金融機関の理解を得られるわけですが，中小企業再生支援協議会等の公的機関はあくまでも中立・公平の立場にあります。

　会社の立場に立って，会社を守るという立場に必ずしもあるわけではありません。

　そこで，再生支援協議会等の公的機関を活用する場合であっても，代理人弁護士など再生の専門家がいると安心できるでしょう。

3 スポンサー型について

スポンサーというのは，たとえば，会社の事業を第三者に売却する際の売却先などのことをいいます。

そのほか，一定の融資をしてもらう会社，一定の出資をしてもらう会社，社外役員などを派遣してもらう会社のことをスポンサーということもあります。

私的整理だけでなく，法的整理（民事再生）の中でも事業譲渡を行うこともよく行われております。

3-1 スポンサー型のメリット

スポンサー型のメリットとしては，金融機関の理解を得やすいということが挙げられます。

スポンサー型の場合，現経営陣が退陣することが多いので，その意味で経営責任を取ることを求める金融機関の理解を得やすいといえます。

金融機関としては，次の3つの理由で現法人の経営陣が残る形での再生に反対することがあります。

> ① 経営者の能力不足
> ② ガバナンス体制の刷新
> ③ 感情論

1つ目は窮境に陥ったというのは，経営者の経営手腕・能力が低かったという仮定に立って，経営手腕・能力が低い人が続投するのであれば，再生を果たすことは難しいのではないかという理屈です。

2つ目は粉飾等経営陣に不正があったケースでガバナンス体制に不備があるので，経営者が交代し，ガバナンス体制を刷新させるという理屈です。

3つ目は，窮境に陥った人が金融機関の債権を焦げ付かせて再生を果たすの

はケシカランという感情論です。

　これらの理屈が合理的か否かは別として、経営者続投にこだわらない場合には、スポンサーに事業を売却するというスキームの方が金融機関の理解を得やすいのは事実です。

　スポンサーの資金力・信用をバックにすることで、取引業者からの信用力も高まり、事業面でプラスになる点もメリットといえるでしょう。

　さらに、大きなメリットとしては、事業買取り型のスポンサー型の場合には、事業譲渡代金が一括で入りますので、履行の確実性が問題にならないで済むので、金融機関の理解を得やすいことが挙げられます。
　つまり、収益弁済の場合には、収益力で返済原資を稼いでいくのですが、過去に赤字だった会社の場合には、本当に収益力が回復するのか、本当に返済原資が出るのかと履行の確実性に疑問を持たれることがあります。
　これに対し、スポンサー型の場合は、スポンサーに事業を売却するなどして一括でキャッシュが入り、それを債権者に配当するわけです。一括でお金が入ってくるため、履行が確実といえ、履行の確実性に疑義が生じることはほとんどないといえます。

> **POINT** スポンサー型スキームは、一括でお金が入ってくるので、履行の確実性が論点とならないなど金融機関の理解が得やすい。

3-2　スポンサー型の注意点（限界）

　スポンサー型の注意点（限界）は、いくつかあります。

　経営者にとっては、スポンサーによって、現在の職場から追い出されてしまう可能性が高いことが大きな障害になるでしょう。小さな地域社会で当該会社

から追い出された元経営者はどこで働くのかという問題もあります。地元の名士だった方ほど，当該地域で生活をするのは難しいといえるでしょう。

事業の失敗により，住み慣れた地域で生活することもできなくなってしまう。これは経営者だけでなく，経営者のご家族のことを考えれば，なかなか取りづらい選択といえます（ただし，この点はスポンサーとの交渉次第で，一定の職を頂いて，従業員として残る方法もなくはありません）。

窮境に陥った会社には，創業家一族と長い付き合いがあり太いパイプでつながっている取引先があることがあります。

しかし，スポンサーが入ることによって，これらのパイプが切れてしまうリスクもあります。

経営者の経営手腕が低いという点が批判されることがありますが，失敗した当事者だからこそ見えてくるべき事業上の改善点もあるはずです。また，二代目社長の場合，先代社長のツケを負わされている気の毒な場合もあります。

そこで，経営者の方がやる気と情熱があり，事業改善をなす余地があるのであれば，安易にスポンサーに頼らずに自力で頑張ってみるほうが事業面でもプラスになる面はあるでしょう。

<u>スポンサー型の限界</u>は，中小企業特有の問題といえるでしょう。

中小企業の事業は家業という側面が強く，経営者の顔と名前で事業が持っている面が否定できません。スポンサーが入ってきても，現経営者が退任してしまっては事業存続が難しいようなケースも多々あるはずです。

また，スポンサーが入ってくるのは，当該事業を買い取ること，融資等の支援をすることで経済的メリットがあるからだと思われますが，収益力が高いとはいえない場合にはスポンサーにとっても経済的メリットが乏しいこともあるでしょう。

そこで，社長の顔で持っているような事業，収益力が乏しい会社のケースは，

Ⅶ　協議会等の公的機関の利用・スポンサースキームについて

スポンサーがつかないことも多いでしょう。このように，スポンサー型を取るといってもすべての会社が取れるわけではなく，おのずと限界はあるのです。それにもかかわらず，スポンサー型ありきで再生を進めてしまうと，スポンサーが見つからない場合，再生計画がとん挫してしまう問題があるのです。

> **POINT**　中小企業の場合には社長＝会社であり，スポンサーが見つからない場合もある。スポンサーありきではなく，自力再生の選択肢も残しておくことが大事。

VIII こんな会社が倒産する・倒産しない会社にするためのQ&A

　会社再生の相談を受けていると，経営者の方々がギリギリまで悩んだうえで，間違った処理をされていることをよく見ます。
　こんな処理をしなければ，もっとよい解決ができたのにと思うことが多々あります。もっと早く相談に来ていただければと思うことも少なくありません。

　窮境に陥った会社の経営者の方からしばしば受ける相談，窮境に陥ってしまった会社を見てきた経験から，こうすべきであったと感じることが少なくありません。倒産しない会社にするための方法を幾つか確認しておきたいと思います。

Q1 退職金規定の留意点

当社は退職金規定はあるのですが，十分な退職金規定になっていません。

従業員のことを考えて，手厚い退職金規定にしてあげたいと考えているのですが，退職金規定の定め方で留意すべきポイントはありますか。

A 退職金規定は合理的な根拠なく下げることはできません。退職金額が重すぎる場合には，弁護士と相談して，時間をかけて規定の改定に取り組むとよいでしょう。

退職金というのは給与の後払い的な性格があります。従業員にとっては，退職後の生活が安定するという意味で，会社に対する忠誠度を高める制度といえます。

もっとも退職金額があまりに大きすぎる場合，資金繰りに大きなインパクトを与えます。退職金は優先的に支払う必要がありますので，たとえば従業員構成が偏っており，高齢者中心の会社になっている場合，向こう10年の退職金額が過大になってしまい，退職金の支給により，資金繰りが厳しくなってしまう会社もなくはありません。

あまりに向こう10年の退職金額が大きい場合には，退職金のような労働債権は債務免除の対象になりませんので，民事再生の申立てすら厳しくなることも考えられます。

そのような場合には，破産以外取り得る手段がないことも想定されます。

だからといって，退職金規定を合理的な根拠もなく，勝手に下げることもできません。労働契約法9条によって，就業規則の変更によっても，労働者の不利益に就業規則は変更できないと規定されているからです。

退職金規定を従業員に不利益に変えるためには，従業員に周知させ，①労働

者が受ける不利益の程度，②労働条件の変更の必要性，③変更後の就業規則の内容の相当性，④労働組合等との交渉の状況，⑤その他の就業規則の変更に係る事情を考慮して，合理的なものであることが必要です（労働契約法10参照）。

　仮に退職金規定に変更を行うのであれば，弁護士に相談しながら，一定の時間をかけて手続を進めることが必要でしょう。

　一度高額の退職金規定を設けてしまうと，これを改定するのは困難ですので，このような事態にならないように**「中小企業退職金共済制度」を充実させて，退職金の支給は原則として同制度に委ねる方法が考えられます。**

　同様に従業員の解雇や給与削減も労働法の厳しい縛りがありますので，注意が必要です。一方的に労働条件の引下げを行うことによって，労働紛争を巻き起こし，そうなるとそれこそ再生どころではなくなってしまうことに留意が必要です。

Q2 担保設定の要求

当社は大口の仕入先から売掛金に担保設定をさせてもらいたいといわれています。

大口の仕入先なので,応じざるを得ないかと思っていますが,留意点はありますか。

A 売掛金等への譲渡担保設定は非常に高いリスクを負っています。当該リスクをきちんと理解し,原則としてこれらの担保設定は断るべきです。もっとも新規融資を受けるために,売掛金等と担保にすること(ABL)は検討できます。

金融機関や取引業者の債務の支払いを滞納していると,一部の債権者から,売掛金や在庫等の資産に譲渡担保権を設定するよう求められることがあります。

もしくはそのような事態がなくても売掛金等への担保設定を求められることもあります。

しかし,このような申し出には基本的に応じるべきではありません。

売掛金等の譲渡担保というのは,不動産担保と異なり,担保権者の実行通知によって,担保権者は売掛金の回収を行うことが可能となります。当然のことながら,そうなってしまうと,売掛金の回収が全く見込めないことになってしまい,運転資金が一挙に枯渇してしまいます。

しかも民事再生手続においても,**譲渡担保は別除権とされており,原則として,その権利行使を止めることはできません**。債務者側としては,一定の支払いを条件として,譲渡担保権の解除をお願いするほかなく,非常に厳しい交渉を余儀なくされてしまいます。すでに譲渡担保権の設定をしてしまっている場合には,再生専門の弁護士に早期に依頼するしかないでしょう。

そこで,譲渡担保権の設定には応じないで,NOとはっきり伝えることが大

事になってきます。

　他方で、過去の滞納債務ではなく、新たな借入れをするために、高利業者から、売掛金等を担保に借入れをしたり、売掛金を譲渡して、資金を得ること（ファクタリングといいます）も考えられますが、安易にとるべき方法とはいえません。
　万一の場合に売掛金が取られてしまうリスクは大きいですし、そこまで資金繰りにひっ迫しているのであれば、再生の専門家に相談すべき段階に至っていることが明らかだからです。

　第二会社方式等の出口戦略として、売掛金や動産を担保として融資を受けるという手法（ABLの活用）もありますので、新規融資を条件に担保設定を行うことは考えられます。但し、リスクが大きいので既存の金融機関や再生専門の弁護士とよく相談してから進めるべきです。

Q3 保有不動産の処分について

当社には事業活動に不可欠とはいえない資産があります。特に活用方法もありませんので，遊休地として眠っています。

しかし，取得価格（簿価）よりも低い金額で処分をしてしまうと，特別損失が生じて赤字が増えてしまうので，財務内容が悪くなるので売却しづらいです。どうすればよいでしょうか。

A 保有不動産を処分すべきか否かは，キャッシュを生み出す不動産か否か，生み出す不動産だとしても，生み出すキャッシュが不動産の時価と比べて十分といえるかで判断します。キャッシュを生み出さない不動産，生み出すとしても十分でない不動産は早期に換価に努めるべきです。

会社事業に不可欠とはいえない資産を保有し続けても，キャッシュは入ってきません。むしろキャッシュがどんどんと出ていきますので，早期に処分すべきです。

たとえば固定資産税が毎年生じますし，維持管理コストも相当かかるでしょう。

他方で，資産を売却し，有利子負債を減らせれば，金利の負担も軽くなります。

購入した時点よりも下がっているので，売却損が生じるから売れないといいますが，これはあくまでも損益計算書上や貸借対照表の話です。**売却損によってキャッシュアウトが生じるわけではない**のです。

むしろ資金面から見たら資産を保有し続けることこそ，大きなマイナスでしかありません。**売却損が出るというのは，支払うべき税金や支払利息を減らす効果があり，資金繰りという観点からはプラスです。**

多額の負債を抱えるというのは，倒産リスクを高めますので，少しでも早い段階で減らすように努めるべきです。

　他方で，事業継続に不可欠な不動産は，金融機関がいくら売却を迫っても応じてはいけません。
　たとえば旅館・ホテルなどは，当該資産を手放したら事業継続が不可能になってしまうからです。
　債権者は社長の保証解除をエサに資産売却を迫ってくることもありますが，格別個人資産を持っていないのであれば，保証解除には大きなメリットがないはずです。そこで，このような要求に安易に応じてはいけません。

Q4 メインバンクの意向に反した新規出店

当社は衣料品の小売業を行っており，数店舗経営しています。低価格というのがデフレの時代に合っているのでしょう。順調に利益が上がっています。

これまで出店していなかった地域にも出店したいと考えていますが，メインバンクはこの地域に出店するのは危険が高いと言って反対して，設備投資資金を出してくれません。

短期借入金で調達した運転資金が多少ありますので，これで出店しようと考えていますが，何か問題はあるでしょうか。

A

折り返し融資の返済原資が潤沢にあるだけの超優良企業は別として，そうでない会社は，メインバンクの強い反対を押し切って新規出店を行うのは高いリスクがあります。ましてや運転資金を使って設備投資をするのは，倒産に向かって走り出しているようなものです。

メインバンクの意向を無視して，十分な説明がないままに新規出店を行うのは大きなリスクがあります。

銀行融資がなくても十分にやっていける会社であれば構わないのかもしれませんが，銀行融資がなければ，折り返し融資の返済ができないような会社はメインバンクの意向を無視して突っ走るのは非常に危険です。

短期借入金の返済時期が来た時にメインバンクとの関係が悪化していては，折り返し融資がおりなくなってしまうでしょう。

そうなっては新規出店の設備投資の残金，短期借入金の返済に追われて，最悪の場合には，仕入れ業者への返済もできないことになりかねません。そうなっては一気に倒産に追い込まれてしまいかねません。

まずはメインバンクに対して，当該事業が成功するだけの説明を果たして，十分な理解を得てから行うべきです。

Q5 新規事業を始める際の留意点

当社は食品卸を行っています。現状会社経営は順調ではないのですが，知人から勧められた飲食事業を始めてみたいと考えています。もともと入っていた飲食店が業績が悪くて撤退したということでお蔭で居抜きで入居できるので，設備投資額は比較的低額ですみそうです。

飲食事業は当社の食品卸事業と相関性もありますし，業界の中で当社は順調だという印象付けもできますので，是非とも始めたいのですが，いかがでしょうか。

A 本業と違う事業を行う場合には，新規事業自体の見通しが大丈夫なのか，新規事業にどの程度時間を取られてしまうのか，経営者の方が新規事業に時間を割いても本業に支障がないのか，慎重に判断すべきといえます。

銀行借入れなどによって多少の手許キャッシュがあれば，経営者たる者，新たな事業を始めたくなる気持ちはよくわかります。

確かに新規事業により，十分な収益力が挙げられて，設備投資資金を早期に完済できる目途が立っているのであれば問題がないように思われます。

しかし，新規事業というのは，いくら本業と関連性があるとはいえども，畑違いの分野なので顧客数，顧客単価などの見通しが甘くなりがちな傾向があります。

結果的に新規事業の見通しが甘く，失敗した場合には，設備投資資金すべてが無駄になりますし，さらに撤退コストまで発生してしまいます。会社経営が順調でないのであれば，新規事業の失敗が倒産に直結しかねないとも言えます。

では新規事業が黒字化できる見通しがよほど確実なのであれば，新規事業を

開始することに何ら問題はないといえるのでしょうか。

問題がないとは言い切れません。

なぜなら，これまで経営者の方が本業に振り向けていた時間を新規事業に投下しなければならなくなるからです。

経営者が新規事業に気を取られている間に本業の方がガタガタになってしまったら，いくら新規事業が一定程度利益を残すことができても，トータルでは大きな損失になりかねません。会社経営が順調でない時は，「選択と集中」と言って限られた経営資源を一点に集中すべきとも言えます。

新規事業を考える際には，本業において，自分の代わりに働いてくれる後継者（代わりの人材）が育っているか否かという点にも留意しなければなりません。

Q6 M&Aで事業を売却する際の留意点

当社は多額の有利子負債を抱えています。また、当社は粗利は出ているのですが、販売管理費が重く、当社の事業規模では、利益が上がる見込みもありません。このまま廃業すると、せっかくの事業がなくなってしまい、従業員や取引先に迷惑をかけてしまいます。また、有利子負債も残ってしまいます。

当社事業を譲渡して、従業員の雇用や取引先を守ることができないでしょうか。

A 会社分割や事業譲渡の手法を使うことが考えられます。但し譲渡対象、譲渡差額、取引先の同意、課税問題等に留意が必要です。

会社再生の中で会社分割や事業譲渡という手法を使って、事業を第三者に移し、従業員の雇用や取引先を守ることも考えられます（有利子負債が多額のため、M&Aで一般的な株式譲渡は難しいことが多いです）。

もっとも、赤字が続く事業であれば、買い手にとっても、利益が上がりませんので、購入してもらうことは難しいといえます。買い手にとって、メリットを示さなければ、事業譲渡も会社分割も成り立ちません。

そのため、①**まずは当該事業の強み・弱みを確認すること**が大事です。

強みというのは、同業他社に比べて際立って優れている点のことをいいます。買い手としては、当該事業の強みを得るために、買いますので、この強みがない会社の場合にはそもそも譲渡自体が難しいといえます。

次に、強みがあるのにどうして利益が出ていないのかの見極めも大事です。どうしても本部経費等の管理コストがかかってしまい、一定規模を超えないと利益が出ないという事業であれば、一定規模以上の買い手であれば、利益を出せるわけで、買い受けてもらう可能性はあるでしょう。

次に、②**譲渡対象事業が何かの確認が大事**です。

どの事業を持っていくかによって，事業譲渡の対価も変わってきますので，事業の切り分けが非常に大事です。ちなみに事業譲渡の対価を不当に安くした場合には，債権者から詐害行為だと言われてしまいかねませんので，きちんと資産査定ないし事業価値算定を行うことが必要でしょう。

③**弁護士ないしFA等の専門家の関与も必要です。**

事業譲渡の場合には，譲渡先に当然には契約が引き継がれませんので，個別の同意を取る作業が必要です。株主や経営主体が変わった場合に契約解除になってしまう条項もママありますので，契約書チェックも必要です。取引先，従業員，賃貸借契約等の承継を行う手続に相応の時間を要しますので，事前準備が必要です。これらの承継手続をスムーズにするために，会社分割を検討することもあり，どのようなスキームが適切か弁護士を入れることが必要でしょう。スケジュール管理や相手方との交渉のためにも弁護士ないしFAが必要でしょう。

④**事業譲渡の課税関係にも留意が必要です。**

事業譲渡は取引になるので，消費税が生じますし，のれんの部分には，譲渡益が生じ法人税がかかります。繰越欠損金で譲渡益を吸収できるのか税理士・会計士を入れて手続を進めることが必要になってきます。

税金や社会保険を滞納している場合，これらを譲渡対象に含めない場合，いわゆる第二次納税義務にも注意が必要です。

⑤**事業譲渡代金が負債額よりも小さい場合**には，結局，負債が残ってしまいますので，**残った会社（旧会社）は破産処理や銀行対応など何らかの整理を行うことが必要**なので，どう処理するべきか事前に弁護士に相談しながら進めることが必要でしょう。

Q7 任意売却の留意点及び任意売却の流れ

会社再生を目指す中で，会社や代表者の不動産を処分（任意売却）する上で留意すべき点や任意売却の流れがあれば教えてください。

A 売買契約書の定め方，売買代金の使途，譲渡所得税に留意するべきです。

1 売買契約書の定め方

① 瑕疵担保責任の排除

会社再生を進める上で何よりも大事なのは，「現状有姿」の売買であることです。つまり，瑕疵担保責任を特約で排除する必要があります。

売主である会社や個人が将来，破産や民事再生などをした場合には，瑕疵担保責任に基づく債権は，破産債権や再生債権になってしまい，トラブルになることが必至だからです。

② 手付・違約金条項の排除

売主は手付金を受け取るべきではありません。一括決済にするべきです。

一般の不動産売買のように，手付放棄や手付倍返しによって，契約解除をすると，追々トラブルになってしまうことが多いからです。

同様の趣旨で，契約解除でも文句を言わないようにするために，違約金条項などは設定すべきではありません。

③ 契約解除条項

後順位担保権者がいることもありますし，他の債権者が異議を述べるなどのリスクもありますので，できれば売主側からはいつでも契約を解除できる条項にしたほうがよいでしょう。

2 無担保不動産売却の留意点

次に無担保不動産特有の問題に触れます。

① 売買代金額の妥当性のチェック

　無担保物件を処分する場合には，売買代金額の妥当性を担保権者である金融機関がチェックすることができません。事前に当該金額以上であれば売却する方針であると告知し，理解を得ておくことが必要でしょう。

　一般的に，私的整理の場合には，不動産鑑定・不動産調査報告の「早期処分価格」以上であれば，売却するという方針に立つことが多いです。

② 換価した代金の管理

　換価した代金を運転資金に使うことは，難しいことが多いです。なぜなら，金融機関からすれば，押さえようと思えば押さえられる資産だからです。原則として，売買代金から売却に必要な諸費用を控除した金員は，別口座で管理し，弁済にあてるべきでしょう。いつの間にか売買代金がなくなっていたというようなことがあってはいけません。

　できれば，代理人弁護士が預かるなどの処理が望ましいです。

3　保証人保有不動産売却の留意点

　社長等の連帯保証人の自宅を守るために，任意売却を行うことが多いです。そうでなくても，連帯保証人・物上保証人名義の不動産を売却しなければならない場面もあります。その場合には以下の点に留意が必要です。

① 譲渡所得税の検討

　売買代金額が取得原価よりも高い場合には，譲渡益が生じ，「譲渡所得税」が発生するリスクがあります（所得税法33①）。

② 保証債務の履行（所得税法64）

　しかし，保証債務を履行するために資産の譲渡があった場合において，その履行に伴う求償権（主債務者である法人の債務を立て替えて支払ったことにより，法人に対して持つ債権のこと）の全部又は一部を行使することができないこととなったときは，その行使することができないことになった金額を回収することができないこととなった金額とみなして，譲渡所得税が発生しない処理も認められています（所得税法64②）。

　当該特例が使えないか検討することが必要でしょう。

③　強制換価手続による特例

　　何らかの事情により保証債務の履行の特例が使えない場合には，強制換価手続による資産の譲渡に該当する場合に，課税しないこととしている所得税法9条1項10号の規定を活用できないか確認が必要です。

4　任意売却の流れ

最後に，任意売却の流れは以下のとおりです。

〈利害調整の段階〉

①　買主さんから買付証明を出していただく。

②　後順位担保権者の金融機関に対し，ハンコ代の支払いと引換えに担保解除するよう求める。

③　配当表を作成し，②のハンコ代，不動産売買契約書印紙代，建物消費税の売買代金等を売買代金から控除することについて，優先する担保権者の金融機関の理解を得る。

〈事前の準備〉

④　売買代金支払（予定）日より前に，担保権者に抹消関係書類をご準備いただく。

⑤　抹消関係書類が担保権者の手元に揃った段階で，FAXやコピー等（最低でも電話）で，書類内容を確認させていただく。

〈売買代金支払日当日〉

⑥　売主，買主，関係当事者，司法書士等が金融機関等で一堂に会し，登記申請の必要書類を司法書士が確認し，お預かりする。

⑦　買主が売主に売買代金を支払う（現金の授受，融資の実行等）。

⑧　売主の担保権者が同席していれば，返済金の着金後に，その場で抹消関係書類を受領する。

　　担保権者が同席していない場合には，返済金の着金後に，担保権者の窓口まで担保抹消書類を取りに行く。

⑨　司法書士がすべての必要書類をお預かりし，原則として当日中に法務局へ登記を申請する。

Q8 一部の取引先に過度に依存したビジネス

当社は大手の製造メーカーの下請けをしています。当該業務だけで売上げの3分の2を占めます。このように一部の取引先に売上げが多い点は経営上何か問題があるでしょうか。

A 将来的に取引打ち切りのリスク，価格低減要求が起きた場合，倒産リスクが生じてしまいます。違約金支払いの合意など何らかの備えをするべきでしょう。

確かに一部の取引先に依存するビジネスは，新たな営業をする必要がないですし，工場のライン設定も楽に済むというメリットはあるでしょう。

しかし，一部の取引先のみに過度に依存したビジネスは非常にリスクがあるといえます。

当該取引先が離れてしまった場合，その会社は売上の大部分を失うことになってしまうからです。また，仮に当該取引先が離れないとしても，その取引先から価格低減要求があった場合，強い態度で交渉に臨むことができるでしょうか。多くの場合は主要取引先を失いたくないという気持ちから，価格低減要求に応じざるを得なくなってしまうでしょう。

そこで，取引先は一定程度分散しておくことが経営管理上は望ましいといえます。

できることであれば，取引基本契約書に**取引の解約には一定の合理的期間前の通告やそれがない場合には違約金支払いの合意の定めを入れておくことが望ましいです。**

事後的な対応としては，少しでも契約終了時期を後ろにずらすように交渉することが考えられますが，なかなか難しいのが実情です。

なお，即時解約が不可避の場合であり，今後，当該販売先と取引をしないの

であれば，継続的契約の一方的解約は違法であるとして損害賠償を請求することも考えられますが，以後，当該取引先との取引を継続することはできなくなってしまうという問題があります。

Q9 銀行返済を停止して，手形割引はどうするのか

当社は手形割引をしています。銀行への支払いを停止（支払猶予）しますと，手形割引が不可能になり資金繰り上不都合が生じてきます。手形割引先にだけ支払いを行うことはダメでしょうか。

A 手形割引先にだけ支払うのはNG。回し手形や市中業者の活用を考える。

倒産法の基本理念でも説明しましたが，債権者平等はとても大事な原則です。一部の金融機関にだけ支払いを行うことは，（他の金融機関が同意してくれるなど特別の事情があれば別として）許されないと考えるべきです。

このようにならないためにも，ここまで追い込まれる前に，多少の運転資金（手許資金繰り）は残しておくことが望まれます。手形割引ができなくなったら，途端に資金ショートしてしまうくらい厳しい会社は，元金のみならず利息支払いも原則停止（支払猶予）をして，資金をつなぐしかないでしょう。

また，受取手形を割引できないとしても，会社が持っている受取手形を支払いに使う方法（回し手形）は考えられるでしょう。これは実質的に手形割引を行うのと同じ効果をもたらします。それが無理でも，半分手形で半分現金で支払うなど交渉の余地はあるはずです。

その他，混乱回避のためにも，市中の割引業者に手形割引を依頼することも考えられると思います。再生専門の弁護士等であれば，市中の割引業者を知っていることも多いでしょう。

Q10 株主間契約はどうなるのか

当社は現在こそ窮境にありますが，ちょっと前は上場を考えており，多くのベンチャーキャピタルが投資をしてくれました。一部のベンチャーキャピタルが株主間契約に基づいて，代表者と会社に色々と請求しているのですが，どう対応すればよいでしょうか。

A 株主間契約に反する株式譲渡も譲渡自体は有効。取締役への請求も事実上難しいことが多いので粘り強く交渉する。

株主間契約には，しばしば当該契約のいずれの規定に違反し，違反当事者が当該違反の治癒を求める投資者（VC）からの通知受領後，一定期日以内に違反を治癒しない場合には，取締役や会社が，請求を受けた日より一定期日以内にVCの保有する会社株式を連帯して買い取る義務が規定されており，取締役個人や会社に対し，買取請求を行使することが考えられます。

① 契約違反があるか

まずは契約違反があるか否かを確認しましょう。VCが一方的に契約違反を主張しているだけで，違反していない可能性もあります。

② 取締役への株式買取請求

他方で，取締役が株式譲渡をしてしまうなど契約違反が明白な場合はどうなってしまうのでしょうか。

この点，取締役が株式譲渡を行ったとしても，当該株式譲渡自体を無効として争うことは非常に困難です。つまり，株主間契約に違反する株式譲渡も有効ということです。

また，仮にVCが取締役なくして貴社の事業が成り立たないと考えているとすれば，取締役が株式譲渡を行えば，VCは当該事業からの撤退を企図する可能性もあると考えられます。その場合，VCは当該事業からの撤

退を行うためにも，取締役との円満解決を希望する可能性が出てくるとも考えられます。

仮にVCが当該事業からの撤退を希望せず，取締役に対し，株式買取請求を行使した場合でも取締役の資力が乏しければ，現実には何もできないといえるでしょう。

③ 会社への株式買取請求

会社が自己の発行済株式を株主との合意により取得することは，会社債権者を害する危険が高いため，株主への分配可能額の範囲でなければならず，かつ，取得価格相当額は以後の分配可能額の算定上資産性を否定されますし，株主総会決議によって，取得株式の種類・数等を定めることを要することになっているからです（会社法156）。

会社への株式買取請求権の行使は，実質的には，自己株式の買受け（違法な手法）になりますので，会社経営が厳しい場合には，法的に不可能な主張といえるでしょう。違法な要求をしないようにと言えば，それ以上は主張してこないことが多いでしょう。

Ⅷ　こんな会社が倒産する・倒産しない会社にするためのQ&A

Q11　銀行からの要求に応じるべきか

私は会社を経営しています。現在は苦しいながらも何とか経営しているのですが，金融機関から色々と要求を受けることがあります。応じるべきか否かよくわかりません。
金融機関対応で問題ある行為を教えてもらえますか。

A　資金がどんどんなくなってしまう行為はするべきではありません。
キャッシュアウトも積み重ねれば会社の資金繰りに大きなマイナスの影響を与えてしまいます。手許資金が厳しいと倒産リスクが高まってしまいます。
銀行の不当な要求にはきちんと断る。自分だけでは難しい場合には，専門家に入ってもらう。それが大事です。

資金がショートしてしまったら，会社は倒産に追い込まれてしまいます。そこで，資金ショートが生じないように留意しなければなりません。
金融機関からの要求の中には，無駄なキャッシュアウトを招くだけで，さして会社にとってメリットのないものも多いです。
たとえば以下のような要求には安易に応じるべきではありません。

①　金融機関からの返済要求に応じてしまう

金融機関から利益が出ていないので，当行だけには先に支払ってもらいたいと言われてしまうことがあります。気の弱い社長さんは返済に応じてしまいます。そんなことをしていては，とてもお金が残りません。金融機関への返済を優先して，税金等を滞納してしまってはかえって再生が困難になります。
何よりも一部の金融機関だけに支払うという行為は，債権者不平等でも

ありますので，適切ではありません。きっぱり断るべきです。

② **金融機関からの利息引上要求に応じてしまう**

経営が苦しくなった場合，金融機関から銀行取引約定書に基づいて，金利引上げに応じてもらいたいと言われてしまうことがあります。気の弱い社長さんは，金利引上げに応じてしまうことがあります。

ただでさえ業績不振の会社が利息の支払額を多くしてしまっては，お金が残るわけがありません。

そこで，利息引上要求にも応じてはいけません。むしろ低金利の時代である今こそ，経営が苦しい時こそ金利を下げてほしいとお願いするべきです。

③ **定期預金のお付き合いに応じてしまう**

経営者の方はお付き合いで定期預金を入れていることがあります。しかし，定期預金にはほとんど利息が付きません。他方で，有利子負債にはきちんと利子が付きます。仮に定期預金を寝かしているだけであれば，有利子負債を返済すれば，有利子負債の利息は減るでしょう（18頁参照）。

同様に定期預金を預けたままにして，運転資金のために，短期借入金を借りるのは，利払いを増やしているだけのようなものです。

質権等を設定していない限り，定期預金は自由に使えるはずです。窓口で色々と説得を受けるでしょうが定期預金についても自由に引き出して一向に構いません。

④ **火災保険に入ってしまう（質権設定に応じてしまう）**

経営者の方は，金融機関に言われるままに，事業継続に必要な不動産に火災保険を付けています。多くの経営者の方はそれに質権設定に応じてしまっています。

確かに火災保険に入っていて，火災が生じた場合，保険会社に保険金を請求できます。しかし，事業継続に必要な不動産は，すでに金融機関に担保差入しているはずです。

つまり，火災が生じた場合，金融機関は抵当権の効力に基づいて（物上

代位），もしくは質権の効力に基づいて，保険金を回収してしまうわけです。肝心の債務者会社には1円も入ってこない可能性が高いわけです。

　債務者会社からすれば，自分たちのためではなく，金融機関の債権回収のために高い経費をかけて保険金を支払っているにすぎないことが往々にしてあります。

　少なくとも再生の局面に入った後は，火災保険等は解約するべきでしょう。

Q12 預金ロックへの対応

返済が遅れていたところ，金融機関が預金をロックしてしまいました。このままだと預金が使えず，事業継続が難しいです。どうしたらよいでしょうか。

A 預金ロックを回避する一番の手法は借入れのない金融機関や弁護士預り金口座に預金を移すこと。
期限の利益喪失通知前は預金ロックの法的根拠は乏しいので，預金解約を求めるべき。

預金ロックされないように，借入先の金融機関には預金を置いておかないことが一番です。借入れのない銀行に預金を移すこと自体は何も問題ありません。インターネットバンキングや日々の流れの中で，徐々に借入れのない銀行に預金を移すのです。

場合によっては弁護士預り金口座に預金を移すことも検討します。また，売掛金の回収口座も借入れのない銀行にするのです。

もっとも，これら預金避難をするまでに，銀行のほうで会社の流動性預金（普通・当座）をロックされてしまい，預金の払戻しに応じないこともあります。小職も預金拘束をされた案件で預金解放を求めたことが何度かあります。財務内容がよくない会社が返済条件の変更を申し出た場合にも，流動性預金を拘束されたという話を聞くことがあります（預金避難をしておけばこれらのリスクは回避できたともいえます）。

そもそも銀行は，流動性預金については，預金者たる会社から払戻しを求められれば，直ちにそれに応ずる義務を負っています。正当な根拠がないままに預金を拘束することは，民事上の債務不履行となるだけでなく，銀行法や独占禁止法上も問題となります。

この点，銀行からは，預金拘束を正当化する根拠として，期限の利益を喪失

し，相殺適状にあるからと説明されることがあります。逆に言えば，**期限の利益喪失の通知到着前であれば，預金拘束を正当化できる法的根拠は薄弱**といえるでしょう。

そこで，万一，預金を拘束されてしまった場合には，粘り強く預金の解放を求めるべきです。

具体的にどのように交渉するかですが，以下の手順で行いましょう。

① 預金拘束の法的根拠がないこと
② 流動性預金が使えなくなってしまっては，資金繰りが苦しく，それこそ倒産という事態になりかねないこと
③ 解放された預金をもとに事業の再構築を行うこと（預金の使途の説明）
　※　場合によっては，③の説明はしなくてもよいでしょう。
④ 私的再建がすべての債権者の協力のもと公正・公平に行われるべき手続であることを説明し，

それでも預金拘束を続ける場合には，

⑤ どうして預金の拘束をしているのかその法的根拠を明らかにするよう求めるべきです。

預金ロックを受けているというのは非常に危機的な状況ですので，早急に，弁護士に相談してみてください。

Q13 税金滞納と銀行への返済の優先順序

現在，資金繰りが非常に厳しいです。

将来の折り返し融資が受けられなくなるのが怖いので，銀行への返済を遅らせることはなかなかできません。

しかし，このままだと税金や社会保険料の支払いがとてもできそうにありません。どうしたらよいでしょうか。

A 資金繰りが厳しくなった場合でも，多くの経営者は銀行への返済を優先し，税金や社会保険料や従業員への支払いを遅らせてしまいがちです。

しかし，税金や社会保険料や従業員給与は，破産手続や民事再生手続でも優先される債権になり，債務免除の対象となりません。

経営者の方々は折り返し融資が受けられなくなることを恐れて，銀行へはきちんと支払わなければならないと考えています。

他方で税金等の支払いは多少遅れても構わないとお考えの方が多いように感じます。

しかし，これは倒産リスクという観点からは非常にまずい考えです。

銀行は預金ロックはしてくることはありますが，よほどのことがない限り，直ちに差押え等はしてこないものです。また，事前に裁判で勝訴判決等を得ない限り，差押えはできないのです。

他方で税務当局は，裁判手続を経ることなく，直ちに差押えを行うことができます。

そこで，税金等の滞納額が大きくなりすぎると，直ちに差押えを受けてしまうリスクが出てくるのです。しかも民事再生を申し立てたとしても，これらのリスクは回避できないのです。

万一，差押えを受けてしまいましたら，事業継続が不可能になってしまいま

す。差押えを回避できたとしても，これらの支払いを優先的に行わざるを得ませんので，民事再生の申立てや再生計画の立案が厳しくなることが予想されます。

　そこで，税金等の滞納は増やさないように留意しなければなりません。

　すでに税金の滞納をしてしまっている場合には，税務当局に事情を説明し，資金繰り表や返済計画をもって早期に分割払いの交渉に行くべきです。

　税金等の滞納を回避するためには，まずは銀行の元金の支払いを停止し，それでも無理であれば利払いの停止を検討するという順序で考えるべきです。

　確かに折り返し融資が困難になってしまうという問題はありますが，その場合は返済を停止すれば資金繰りは何とか持つはずです。安易に税金を滞納する方がリスクは高いので，銀行返済を停止するほうが事業の倒産リスクは低いといえます。

　もちろん安易に銀行への返済を停止してしまっては，預金ロックを受けてしまい，それこそ事業継続が困難になりかねません。事前に預金を借入れのない金融機関に移すなどの対応が必要になります（Q12参照）。

Q14 風評被害

取引業者の間で当社は倒産しそうであるという噂が流れています。元はといえば，業界新聞に当社のことが載ってしまったことが原因です。

風評被害が広がってしまえば，取引業者が離れてしまいかねず，当社の事業にも大きなマイナスになりかねません。どうしたらよいでしょうか。

A　まずは業界新聞に載せないこと。地道に事業を行うことが大切。

まずは業界新聞に載らないようにすることが大事です。

業界紙に載るのは，取引業者や従業員給与の支払いを遅れてしまって，タレこみがあったことが原因になります。資金繰り管理をきちんと行い，支払いの優先順序を考えて，取引業者や従業員給与の支払遅滞をしないように努めることが大原則です。

業界新聞に載ってしまったとか，競合が風評被害を広めている場合にどのように対応するべきでしょうか。

主要取引先を回って，風評が出ているが，当社はきちんと業務を行っていること，仕入先への支払いも問題ないこと，銀行も待ってくれていること等を粘り強く説明するほかありません。決算書の開示を求めてくることも考えられますが，よほど信用できる業者でなければ，これらの開示はするべきではないでしょう。

信用情報機関や業界新聞は相手にしないほうがよいです。相手にして記事にされてしまっては，一度，沈下した信用不安がまた再燃してしまいます。

何事もなかったように日々業務を行い，仕入先にはきちんと支払いを行う。これを繰り返してしばらくすると信用不安は収まるはずです。

Ⅷ こんな会社が倒産する・倒産しない会社にするためのQ&A

Q15 弁護士等の専門家の選び方，留意点

当社は，簿価上は債務超過ではありませんし，直ちに資金ショートするような状態ではありません。

しかし，内実をお話ししますと，利益を出すために，在庫は実態のないものをたくさん残しています。また，不動産の評価は簿価よりも低いです。有利子負債もありますが，中小企業はみんな有利子負債を抱えているので，今すぐに専門家に相談しなくても特に問題ないですよね。

A 会社が窮境に陥っているといっても，その状態は一様ではありません。イメージ的には以下のとおり，早い段階に対応すればするほど対応策は多いですし，債権者への迷惑も小さくできます。

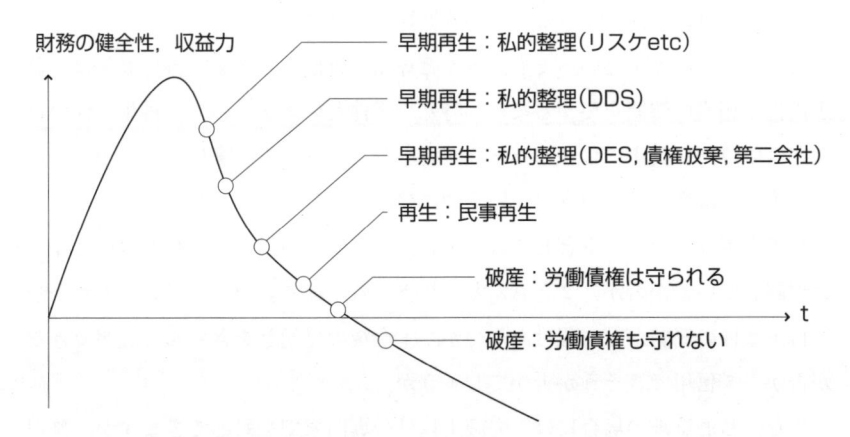

財務の健全性，収益力

- 早期再生：私的整理（リスケetc）
- 早期再生：私的整理（DDS）
- 早期再生：私的整理（DES，債権放棄，第二会社）
- 再生：民事再生
- 破産：労働債権は守られる
- 破産：労働債権も守れない

少なくとも，以下の状態の会社は，正式受任まで依頼するかは別として，早期に再生の専門家に相談に行くべきでしょう。

131

> ① 手形不渡りのリスクが生じ得る状況にある会社（「不渡りリスク」）
> ② 資金ショートが予想される会社（「資金ショートリスク」）
> ③ 収益力が低下している会社（PL不振）
> ④ 借入過多（過剰債務）の会社
> ⑤ 実質債務超過の会社

　設問の会社は簿価上は資産超過のようですが，帳簿上の資産を実態評価すると，債務超過ですし，粉飾をしていないとすると，収益力もかなり悪そうなので，早期に弁護士等の再生案件の専門家に相談に行くべきといえるでしょう。

　弁護士であれば，法的整理，私的整理を含め，あらゆる手法を総合的に検討することが可能です（公認会計士，税理士，コンサルタントの方の場合には，私的整理以外は検討ができないという問題があります）。

　もっとも，弁護士といっても，色々と専門分野があります。再生案件は，着手直後は相当の時間を要するなど，特殊な案件といえますので，再生案件の経験が深い専門弁護士に依頼したほうが安心でしょう。再生案件の経験が乏しい弁護士は，破産手続の申立てを優先的に検討してしまうかもしれません。

　弁護士選びのポイントとしては，①資金繰りが持つ以上，会社が倒産しないと理解しているか否か，②きちんと決算書，資金繰り表が読めているのか否か，③再生案件の経験がどの程度あるのか，④今後の見通しをきちんと説明できるか否か，⑤信用できそうか否かでしょうか。

　また，私的整理の場合には，弁護士以外の専門家でも対応できますが，無理にリ・スケジュールの計画を立案するとか，逆に何でも会社分割で債務カットさえすればよいと助言している例もあると聞きます。それぞれの手法のメリット，デメリットをよく聞いて，納得してから依頼することにしましょう。

column 再生案件の専門家費用はどの程度を考えておけばよいのか

　再生案件の専門家費用はまちまちというほかありません。再生案件のスキームによって，時間，手間，経済的利益も大きく異なると言わざるを得ません。
　もっとも，一般的な費用については，ある程度目安があったほうがよいと思いますので，簡単に説明しておくことにしましょう。
　まず，民事再生を申立てする場合には，裁判所に収める予納金が必要です。これは民事再生の監督委員（弁護士）と監督委員の補助をする公認会計士の報酬に充てられる費用です。東京地方裁判所の場合には，以下のとおりとなっています。

予納金基準額
　申立時に6割，開始決定後2か月以内に4割の分納を認める。
　残る4割の納付については，2回までの分納を認める。

東京地裁の法人申立ての標準額

負債総額	基準額
5千万円未満	200万円
5千万円〜　1億円未満	300万円
1億円〜　5億円未満	400万円
5億円〜　10億円未満	500万円
10億円〜　50億円未満	600万円
50億円〜　100億円未満	700万円
100億円〜　250億円未満	900万円
250億円〜　500億円未満	1,000万円
500億円〜1,000億円未満	1,200万円
1,000億円以上	1,300万円

　もっとも，上記予納金は実費であって，申立代理人の弁護士報酬（着手金，報酬金等）を含んだ代金ではありません。
　一般的に申立代理人は，民事再生監督委員よりも業務量は多いといえます。債権者交渉や債権者集会を行うのも申立代理人ですし，再生計画の立案を行うのも申立代理人の業務です。そこで，通常，上記予納金よりも代理人の弁護士費用のほうが高くなると考えておいたほうがよいでしょう。また，民事再生事件に入りますと，民事再生以外にも取引先対応，従業員対応など様々な法的諸問題が噴出することが一般的です。そこで，顧問契約の締結もお願いせざるを得ないことが多いでしょう。

その他，財産評定を行う公認会計士費用等も用意しておかなければならないでしょう。

　民事再生ではなく，私的整理の場合には，申立予納金は必要ではありませんが，民事再生と異なり，債権者の同意が得られるまで，案件が終了しないため，時間がかかることがあり，代理人弁護士の手間・労力がかかることが多いといえます。

　そこで，特に第二会社方式など民事再生同様に債務カットを依頼せざるを得ないような案件の場合には，代理人弁護士報酬は上記予納金よりも多くなることが多いでしょう。その他，事業DDや財務DDや事業計画策定支援の過程で，公認会計士費用，コンサルタント費用，不動産鑑定士費用が必要となります。規模の小さな会社でも，これら手続コストを合計すると数百万円は必要となります（再生支援協議会を活用する場合，DD運用の一部を援助してくれることがあります）。

　再生案件の依頼をしようとする会社は，これら再生案件の手続費用を準備しておくことが望まれますし，それが難しい場合には，銀行への返済を停止するなどして，これら手続費用を分割払いの形になるのでしょうが，準備することが必要になってくるわけです。

　いずれにしても，再生案件を進める上では，専門家費用について，事前にきちんと説明を受けて，理解をし，きちんと委任契約書を締結してから依頼するようにしましょう。

Q16 私的整理のスケジュール

私的整理を依頼したいと思うのですが，スケジュールはどのようになっているのでしょうか。

A 銀行説明会は3回以上開くことが多い。理解を得るまでに半年以上の時間を要することも少なくない。

　私的整理の一般的な流れについて，簡単にご説明します（もっとも，規模の小さなリ・スケジュールの場合には，より簡易に終了することも多いと思われます。詳細は『私的再建の手引き』（税務経理協会刊，2011年）をご覧ください）。

　まず，第1回目の銀行説明会をスタートとします。説明会の場では，社長から金融機関へ謝罪とご挨拶をしていただきます。その上で，代理人弁護士が事業再生型私的整理（私的再建）を進めることについて，協力を要請することになります。

　多くのケースでは，元金の支払停止を要請することになります。望ましくはありませんが，場合によっては元利の停止（支払猶予）まで要請することになります。預金の取扱い，その他諸問題があれば，この場で各行と歩調を合わせておく必要があります。

　残念ながら，何らかの理由により，私的整理を進めることに支障が生じた場合には，私的整理から法的手続（破産・民事再生）へ切り替える必要が出る場面もあります（弁護士が代理人の場合には，私的整理⇒法的手続への意向がスムーズにできることが1つのメリットといえます）。

　私的整理を進めることについて，概ね賛同が得られましたら，財務と事業について，資産査定（DD）の実施が必要となります。

　まず，公認会計士に依頼し，現在の財務状況や事業実態を精査してもらいま

す（財務DD）。債権カットの要否や債権カット額の合理性を判断するためにも不可欠な作業です。この過程で，会社の実情を明らかにして，将来の債務圧縮に必要な情報を整理することになります（修正時価BS・清算BS等の作成）。これは静的な側面で会社の実態を把握する作業になります。

　あわせて，会社の事業実態を明らかにするために，公認会計士ないしはコンサルタントの方に事業実態の精査を依頼します（事業DD）。外部的，内部的問題点を把握し，事業上の課題を浮き彫りにし，収益改善のヒントを見出してもらうわけです。

　この過程で債務者会社には，営業利益段階までの損益計画を策定していただくことになります。この損益計画をベースとして，「事業価値算定」を公認会計士などの専門家に依頼します。

　「事業価値算定」は会社の返済可能な有利子負債額や新会社に生じる「のれん代」等を確定するためにも必要な作業です。財務DDが静的な側面での会社査定とすれば，事業価値算定は動的な側面で会社査定ということになります。

　第2回目の銀行説明会では上記DDの結果報告と営業利益段階までの損益計画等を発表し，改めて各行の意見を確認します。

　その後，上記計画を踏まえ，リ・スケジュールや債権カット（会社分割）の返済計画を策定し，再生計画を完成させることになります。金融機関，特にメインバンクとはこの再生計画策定過程でのすり合わせが重要になります。

　第3回目の銀行説明会では完成した再生計画を発表することになります。金融機関との合意が取れれば，ここで「同意書」か「弁済協定書」を提出してもらい，案件は無事終了となります。

　現実には金融機関からは会社の収益力（履行可能性）や債権カット額の妥当性検証のために，モニタリングをさせてもらいたいという要望が出されることが多く，理解を得るまでに半年以上の時間を要することが少なくありません。

受任(正式契約) ↓ ↓ ↓	資料準備，方向性確認(不動産鑑定)
0〜1か月程度 ↓ ↓ ↓ ↓	キックオフミーティング(第1回金融機関説明会(BMTG)) この場では今後のスケジュール及び方向性の確認を取ります。 不動産鑑定(第1回説明会までに行っていない場合) 財務・事業デューディリジェンス(DD)を実施
2〜3か月 ↓ ↓ ↓	第2回説明会：DD結果・事業計画(営業利益段階までの損益計画)の発表
4〜6か月	第3回説明会：再生計画の発表
6か月〜	金融機関との合意獲得

column 同意が得られない場合はどうなっていくのか

　現実には営業利益を上げる計画を立てられないとか，債務カットを伴う計画（第二会社スキーム）は受け入れられないなどの理由によって，再生計画への同意を得られないことは多々あります。

　その場合，銀行からは，同意を得られない場合には，破産ですかとか，民事再生ですかと聞かれることがあります。

　しかし，資金繰りが詰まってしまう場合は別として，安易な破産や民事再生はするべきではないでしょう。

　収益力が乏しい場合には，収益力が乏しい原因を分析して，収益力が上がるように努めるしかありません。債務カットを伴う計画だからダメという場合には，第二会社スキームの経済合理性が破産よりもはるかに優れていることを説明して理解を得るしかありません。

　収益力の回復にしても，金融機関担当者の方の理解についても，どうしても時間がかかることが考えられます。時間をかけて対応していくほかないと思います。

　銀行の理解を得るために，安易に高い収益の計画を立てて，高額の返済をしても，結果的に履行できなくなっては意味ありません。無理に理解を得られるように計画を立てるのではなく，時間がかかっても，実直に実現できる計画を立てて，理解を得るよう努めるしかありません。

Q17 法的整理のスケジュール

民事再生を依頼したいのですが，スケジュールはどのようになっているのでしょうか。

A 民事再生は申立てから認可決定まで5～6か月を要することが多い。

民事再生の一般的な流れについて，簡単にご説明します。詳細は『民事再生の手引き』（税務経理協会刊，2012年）をご覧ください。

民事再生手続を申し立てることを再生債務者内部において機関決定をしたら，事前に裁判所に事前相談をした上で，申立てを行うことになります。

裁判所へ申立てを行いますと，裁判所より監督委員が選任されます。監督委員は，後見的な立場から再生会社再生債務者の再生手続の遂行を監督する者で，弁護士の中から選任されます。

民事再生手続の申立てを行う場合，それと同時に，保全処分の申立てを行います。保全処分により，再生会社再生債務者においては，再生債権者に対する弁済や担保提供等を行うことが原則として禁止されるため，再生会社再生債務者が買掛金や未払金を支払ったり，手形を決済することができなくなります。

裁判所へ民事再生手続の申立てを行ったとしても，その当日に正式に民事再生手続が開始されるわけではありません。東京地方裁判所においては，再生会社（再生債務者）の民事再生手続の開始申立てについて，再生債権者の反応がどのようなものか，再生債権者の意向を確認し，その意向を踏まえた上で，正式に民事再生手続を開始することとされています。実務上は，申立て後，即時に債権者に対する説明会を開催し，再生債権者に対して，民事再生に至った経緯や，直近の財産状況，今後の見通し等を説明し，再生債権者からの質問や意見をとりまとめ，裁判所に対して報告することになっています。債権者説明会の状況を踏まえて，裁判所は正式に民事再生手続を開始する旨の決定をします。

民事再生手続の開始決定がなされると，再生会社再生債務者は財産評定という手続を行うこととなります。財産評定とは，開始決定日現在の再生会社再生債務者の財産を，その時点で処分して換価した場合の価格で評価し，もし仮に再生会社再生債務者が開始決定日において会社の事業を停止し清算した場合の配当率がどの程度になるかを算定するものです（法124①）。なお，民事再生手続の再生計画案においては，再生債権者に対する弁済率が清算配当率を上回ることが要求されます（清算価値保障原則）ので，財産評定はその後の再生計画における弁済率の下限を画する機能を有することとなります。

　また，開始決定がなされると，正確な再生債権額を把握するため，裁判所所定の債権届出書を用いて，予め定められた届出期間内に各再生債権者から債権額を届け出てもらうこととなります（法94①）。

　民事再生手続の開始申立て後の状況，財産評定や債権認否の結果を踏まえ，再生会社再生債務者の再生計画を策定します。自主再建型の場合，通常，今後の再生会社再生債務者の事業収益の中から弁済原資を確保し，数年間で弁済する計画を立てることとなります。

　その後，債権者集会において議決権額の半額以上，出席債権者数の過半数以上の賛成を得られれば，再生計画が認可されることとなります。

　申立てから認可決定までは5〜6か月を要することが一般的かと思われます。

Ⅷ　こんな会社が倒産する・倒産しない会社にするためのQ&A

事件番号　　平成24年（再）第××号
再生債務者　甲野金属株式会社

開始決定後のスケジュール

○○地方裁判所

手　続	予定日	申込日からの日数
申立て・予納金納付	月　　日	0日
進行協議期日	月　　日	0～1日
保全処分発令・監督委員選任	月　　日	0～1日
（債務者主催の債権者説明会）	月　　日	0～6日
第1回打合せ期日	月　　日	1週間
開始決定	月　　日	1週間
債権者届出期限	月　　日	1月+1週間
財産評定書・報告書提出期限	月　　日	2月
計画案（草案）提出期限	月　　日	2月
第2回打合せ期日	月　　日	2月
認否書提出期限	月　　日	2月+1週間
一般調査期間（始期）	月　　日	10週間～
一般調査期間（終期）	月　　日	11週間
計画案提出期限	月　　日	3月
第3回打合せ期日	月　　日	3月
監督委員意見書提出期限	月　　日	3月+1週間
債権者集会招集決定	月　　日	3月+1週間
書面投票期間	月　　日	集会の8日前
債権者集会期日・認可決定	月　　日	5月

> 財産評定書・報告書・計画案（草案）のドラフトを提出期限の2日前までにFAX送信してください。

> 計画案のドラフトを提出期限の2日前までにFAX送信してください。

※東京地裁の標準的スケジュールより引用

Q18 銀行説明会（バンクミーティング）はどのように進めればよいのか

私的整理の場合，銀行への説明会は行ったほうがよいのでしょうか。また，具体的にどのような場所でどのように進めたらよいのでしょうか。イメージがわかないので，教えてください。

A 私的整理の場合，銀行説明会は行うべき。

私的整理の申入れを個々の債権者にまちまちに行うと，自分たちが聞いていないことを説明するのではないかと疑心暗鬼になられる方もいるかもしれません。そこまで思わなくても，透明性を持って手続を進めていることの理解を得るためにも，対象債権者である銀行を一同に集めて，共通の資料を用いて共通の説明，共通の申入れを行うという方法（バンクミーティング方式）を検討されるとよいでしょう。

預金避難等の検討を終えることが前提になりますが，遅くとも説明会の2～3日前には「金融機関向け説明会のご案内」文書を発送（ファクシミリ）します。遅くとも前日までに出席の有無を確認してください。欠席の場合には，なるべく出席を促し，やむを得ず欠席の場合には，後で資料をお渡ししますと回答しましょう。

① 会場の手配

風評被害を避けるため，会社会議室ではなく，メインバンク等借入先金融機関の近くの地味なホテル・商工会議所・公民館等の貸会議室にしてください。利用用途は，『経営懇談会』等にして信用不安が生じないように留意することが大切です。

② 会場の大きさ

　各金融機関2～3名で来られることが多いと思います。念のため，会場の収容人数は，想定される金融機関の4倍程度（空席が目立つ程度）がよいでしょう。

③ 当日の準備事項

　当日の準備事項は次のとおりです。

(a) 金融機関がスムーズに会場へ入場できるよう，会場用建物の1階ロビーに，案内板を立てるか，会場へ誘導する従業員を配置してください。

(b) 会場入口ドア又はその傍に，「㈱●●●●経営懇談会」といった掲示を貼り付けてください。

(c) 会場の机は，原則として『ロ』の字型（会議用）にしてください。部屋のスペースとの関係で，『ロ』の字型が難しい場合は，教室型にしてください。

(d) 机上に置く会議用名札プレートを会社側で準備してください。メインバンクは一番手前に置き，順次，債権額が大きい順にプレートを置くとよいでしょう（金融機関には『様』をつけるようにしてください。逆に弁護士や再生専門家には様はつけない）。

(e) ペットボトル等の飲み物を会社側で準備して机上にセットしてください。

(f) 受付は説明会開始30分前から入口前に机を出して行い，来場の債権者の方全員から名刺を頂戴し，出席者名簿に記名していただいてください。

④ 会議の進行

　会議の司会進行は，会社の担当者が行うとよいでしょう。

　始めに社長が挨拶します。ご迷惑をおかけしたわけですから，誠意を持ってお詫びを述べる必要がありますが，言い訳をしているように聞こえ

かねないので，1分以内の短い話にするべきです。

　再生専門家（弁護士）がいる場合には，以降は専門家（弁護士）の説明になります。専門家がいない場合には，社長自身が説明をする必要があります。

　まずは，資金繰り表や決算書等を用いて，会社の現状を説明する必要があります。

　その後，会社の財産状況や担保状況を説明し，会社の再建の絵を示すことになります。再建の絵を示すといっても，第1回の銀行説明会では，あまりに楽観的な発言は控えるべきです。数字を用いた客観的発言をするよう注意しましょう。

　その上で，会社の依頼したい事項を伝える必要があります。リ・スケジュールの場合には，返済条件の緩和の依頼をします。それを超えた調査が必要な場合には，財務DD等の実施を行うことなど今後のスケジュールを説明することになります。銀行は守秘義務があるといっても，会社が窮境に陥っている情報は特別に配慮が必要な事項です。そこで，念のため，本日の話は社外秘で口外しない旨求めることが必要です。

　最後に質疑応答を行い，会議は終了となります。案件にもよりますが，ここまでをトータルで1時間程度で終えることが多いと思います。

Q19 説明会後の金融機関との対応

説明会後は，債務者会社はどのような準備をするべきなのでしょうか。再生専門家（弁護士）にお任せで何もしなくてよいのでしょうか。

A 再生を目指すとは会社をまず，会社の月次報告は行って情報交換に努めるべき。

　再生をするのは，再生専門家ではなく会社自身ですので，会社自身が窮境に陥った状況を分析し，事業改善を図ることが大切です。事業計画の立案が必要ですので，事業DDの専門家の力も借りながら，自己分析と今後の展開を考える必要があります。

　また，私的整理を進める上では，何よりも公正性，透明性，公平性のある処理が必要です。当然のことながら，金融機関向け説明会を開催して，それで終わりにしないでください。

　金融機関には，毎月，月次報告を出して，損益の状況，資金繰りの状況，計画と実績の対比を示すことが大事です。その他，事業内容の改善に取り組んでいるのであれば，その状況も適宜報告するべきです。毎月，社長が銀行を訪問し，誠意に対応すれば，銀行の会社や経営者を見る目も変わってくるはずです。

Q20 資金繰り表はどうやって作ったらよいのか

資金繰り表を作成しなければならないと言われました。具体的にどのような書式でどのように作成すればよいのでしょうか。

A

書式自体は何でもよいのですが、損益計算書と異なり、現実に入金する金額、出金する金額を記載することが大事です。次頁に参考までに書式を記載しましたので、参考になさってください。

　資金繰りが厳しい会社は、資金繰り表には、1か月単位の「月次資金繰り表」だけでなく、「日繰り資金繰り表」も必要です。1か月単位の「月次資金繰り表」の月末残高で資金繰りがついていても、月中に資金ショートしていてはいけないからです。

　資金繰り表の項目に関しては、各会社の事業特性にもよりますが、収入については、現金入金分と売掛金回収分（手形を利用している会社については、受取手形の期日入金及び手形割引による入金日まで記載すべきです）を、支出については、買掛金（及び支払手形）、人件費、経常的な経費（備品、光熱費等の支出）、その他経費（家賃等比較的大きな出費があるもの）、リース料、公租公課（税金、社会保険料）、そして金融債務（元金と利払い分は分けて記載する）といった項目を設けると便宜です。売掛金の回収に手形を利用する会社については、上記に加え、手持ち手形の残高、期中の増減及びその用途がわかる一覧表を追加で記載するとよいでしょうし、公租公課の滞納債務がある場合には滞納債務の一覧表も加筆すると便宜でしょう。

　支払いの優先順位には留意しなければなりません。個別の事情により多少変わりますが、①従業員の給料、②手形決済、③買掛金の支払い、④租税公課、⑤銀行返済（利息→元本）の順序で支払いをすることがよいでしょう。銀行の返済を優先させることは、倒産リスクを高めるだけです。

月次資金繰表

(単位：千円)

			年 月 予想	年 月 予想	年 月 予想	年 月 予想	年 月 予想	年 月 予想	合計
経常収支	収入	現金売上							
		売掛金の現金回収							
		受取手形の期日入金							
		その他入金							
		収入合計							
	支出	現金仕入							
		買掛金の現金支払							
		支払手形の期日決済							
		給料手当・退職金							
		支払家賃							
		リース料							
		税金・社会保険							
		その他経費							
		支払利息							
		支出合計							
		差引過不足（①）							
財務収支	収入	借入金増加							
		手形割引							
		資産売却							
	支出	借入金返済							
		資産購入							
		その他支出							
		差引過不足（②）							
		収支（①+②）							
		前月繰越							
		次月繰越							

日繰表　　　月

(単位：千円)

	収入							支出								
	現金売上	売掛金の現金回収	受取手形の期日入金	借入金増加	手形割引	資産売却	その他入金	収入合計	手形決済	現金仕入	買掛金支払	給料手当・退職金	支払家賃	その他経費	税金・社会保険	リース料	借入金返済(元金)	金利支払	その他支出	支出合計	資金残高	摘要
1日|																					
2日|																					
3日|																					
4日|																					
5日|																					
6日|																					
7日|																					
8日|																					
9日|																					
10日|																					
11日|																					
12日|																					
13日|																					
14日|																					
15日|																					
16日|																					
17日|																					
18日|																					
19日|																					
20日|																					
21日|																					
22日|																					
23日|																					
24日|																					
25日|																					
26日|																					
27日|																					
28日|																					
29日|																					
30日|																					
31日|																					
合計|																					

Q21 事業計画はどうやって作ったらよいのか

事業計画はどのように作成すればよいのでしょうか。

A 事業計画は窮境原因の解明と損益計画が柱になる。
損益計画は部門ごとの計画として，ブレークダウンするべき。

案件にもよりますが，以下の手順で策定することが一般的かと思います（もっとも，小規模な会社のリ・スケジュール案件の場合には，簡単な損益計画と返済計画の見通しだけで済ませることもあるでしょう）。

事業計画策定の手順モデル（全体像）

> 事業計画策定の手順
> 1　会社の概要
> 2　実態報告
> 3　窮境原因及び環境分析
> 4　再生計画の骨子
> 5　損益計画の見通し
> 6　貸借対照表の見通し
> 7　返済計画
> 8　経営責任

3の窮境原因の除去と5の損益計画が骨になります。

毎年売上げが減っていったとか，過去の投資の失敗で固定費の負担が大きいなどありますが，窮境原因の除去ができなければ，会社の再生はできません。どうして利益が上がらないのか，事業ごと，店舗ごとの損益分析を行って，不採算事業は閉鎖するなどの措置を取ることが大事です。

利益を上げるためには，売上げを上げることと経費を下げることの2つが柱になります。二度も経営危機に陥ったハウステンボスを再生させた澤田社長も

「2割の経費を削減する一方で，2割の収入増を達成した」と言っています。

　そのためにも，どこに無駄があるかわからなければ判断できません。部門別採算で検討を行うことが必要です。会社は様々な商品・サービスを多様なチャネルを用いて提供しています。そのため，売上高，原価，販管費を1つにまとめて示すだけでは，損益計画の実現可能性，合理性が相手に伝わりませんし，債務者の会社にとっても，管理ができないでしょう。そこで，企業全体としての損益計画の前に「部門ごとの損益計画」を立てることが必要です。製造業であれば「工場別」「商品別」，卸売業であれば「営業所別」「店舗別」，運送業であれば「車両別」「得意先別」，建設業であれば「建設現場別」といったものが考えられます。要はブレークダウンして検討することで，会社の問題点や改善点が見えてきて対応策（改善策）が見つけられるのです。

　売上計画については，売上高の構成要素が数量と単価であることを意識する必要があります（売上＝数量×単価）。数量を増やすのか，単価を上げるのか意識するべきです。

　経費については，事業にプラスになる経費なのか，事業とあまり関係のない経費かを細かく分析して，計画を立てることが必要になります。人件費などを下げてしまうと，従業員のモチベーションが低下して，サービス低下などの問題が生じたり，労働紛争が起きるリスクもありますので注意が必要です。

Q22 どの程度の返済をするべきか

再生計画を立案する中で、到底、全額弁済が無理なため、債務カットが必要なのはわかるのですが、逆にどの程度の返済をすればよいのでしょうか。何か目安のようなものがあれば、教えてください。

A 返済額は企業価値の考えを使うことが多い。

民事再生の場面では、清算価値保障原則が返済額の最低限を画することとなっていますので、破産時よりも多くの返済をしなければならないことになっています。そうであれば、私的整理の場合であっても、破産時配当を下回る計画が許されないことは当然です。

では、破産時配当さえ上回ればよいかというと、必ずしもそうではありません。当該会社の身の丈に合った限度内で、最大限の返済ができるような金額を返済すべきであるということができると思います。

具体的には、**債務者会社の事業価値程度の返済はしなければならない**ということになります。債務者会社の事業を第三者に譲渡した場合につく値段と同程度は支払わないといけないでしょう（M&Aの場合との均衡）。これよりも少ししか返済しない計画であれば、M&Aで事業を売ってくださいということになってしまいます。

この事業価値をどう計算するかは非常に難しいのですが、いわゆるDCF法で算出することが多いです。もっとも、収益性が非常に小さく、小規模の会社の場合には、純資産法で評価することもあります。

なお、DCF法で考える場合の評価ですが、非常にざっくりいうと、再生計画のもとでの経営改善後の減価償却前税引後利益（－設備投資額）×10倍～15倍程度というのが1つの目安になるでしょう。

Q23 第二会社スキームの新会社，新旧会社の商号，本店所在地，契約関係，許認可，清算方法の留意点

第二会社方式で会社分割を行うことはわかりましたが，分割後の新会社，旧会社の商号，本店所在地はどうなるかがわかりません。また，契約関係，許認可，さらに旧会社の最終処理をどうするかを教えてください。

A 自主再建型は従前と同じ商号を使い，何も説明しないことが多い。許認可承継には注意が必要。

同一の所在地に同一商号の法人を2つ置くことは許されません。そこで，会社分割時に旧会社の本店所在地を移すか，商号を変更することが一般的です。ちなみに，取引業者との関係から，新会社の本店所在地と商号は，従前の法人と同一にすることが一般的です。

契約関係については，会社分割の契約書ないし計画書につける「承継権利義務明細表」に承継する契約等を記載しておけば，新会社に承継させることになります。これにより，当然に，新会社に承継されることになります。ちなみに，契約先に挨拶に行くのもトラブルになるだけなので，自主再建型の場合は何も説明しないで新会社に承継させることもあります。預金口座等も，新会社が預金口座を承継して使うことになります。

この点，取引先の同意なく移せるのかという疑問をお持ちになったかと思います。この点，会社法の江頭先生という著名な学者の教科書では，「会社分割による権利義務の承継は，合併と同じく一般承継」であるから，契約上の地位も会社分割に伴い相手方の同意なく承継されるとあります。学者の間では色々と議論があるところですが（賃貸借契約など信頼関係が重要な契約の場合は，スポンサー型の場合には，果たして本当に賃貸人の承諾なく賃借権が移るのか疑問もなくはありません），経営陣が代わらない自主再建型の場合は実務上は

何も説明せず，処理するのが一般的と思われます。

　もっとも，許認可承継は可能なものとそうでないものがありますので事前に十分な検討が必要です。

　残った旧会社は破産ないし特別清算することが多いです。金融機関がきちんと無税償却できるように努めるべきだからです。

Q24 連帯保証人はどうなるのか

第二会社方式等で会社の債務が減るのはよいですが，連帯保証人の債務はどうなるでしょうか。同じように債務カットをしてくれないのでしょうか。破産をすると，社長続投はできないですよね。

A 一定の金額を支払って保証解除を求めることがある。自己破産免責によって処理する例もある。

　中小企業に対する融資実務においては，ほぼすべてのケースで，融資実行と同時に，会社経営者（ら）が連帯保証人になっているものと思われます。

　そして，主債務者たる会社について，金融支援を受けるような事態に陥ってしまっている場合，債権者は主債務者から満額の債権回収ができない以上，保証人に対して保証債務の履行責任を追及することになります。

　もっとも，通常は，金融機関からの借入金は極めて多額であり，個人財産の拠出のみですべてを弁済することは不可能でしょう。そのため，場合によっては，金融機関との話し合いによって，一定の金額（全個人財産拠出分＋α）の返済と引換えに，残った保証債務について責任免除（保証解除）をしてもらうことがあります。

　もっとも，任意の保証解除を得ることができない場合には，個人破産を検討することが必要となります。破産自体は免責制度を置いており，債務者の経済的更生を図る制度であり，特に大きな不利益もないと思いますので（破産手続期間の数か月，郵便物が破産管財人に見られてしまうとか，99万円以上の現金は配当に回るなどの不利益や説明義務はありますので注意は必要です），再生案件の多くの代表者が利用しています。

　なお，旧商法の時代には，個人破産が取締役の欠格事由とされており，復権するまでは取締役になることができませんでしたが，現在の会社法では，この

点の扱いが改められ，破産は取締役の欠格事由とされていません。そのため，従来の取締役が破産手続を利用しながら，そのまま取締役としての職務を続けることが認められています。もっとも破産は会社との委任関係の終了事由にあたるため商標登記を一度抹消するか否かは検討することもあります。

　実務上も，経営者が続投しつつ，保証責任については自己破産によって実質的に履行するという例はままあります。

Q25 従業員の解雇

社長である私の管理不行き届きもあるのですが，従業員の中に明らかにやる気のないものもいるのです。遅刻も多くなってきています。会社が厳しい局面でもありますので，明日から来るなと言って，解雇してもよいでしょうか。

A 解雇を一方的に行うのは危険である。

整理解雇については，次に掲げる4要件（要素）を満たさない場合は，「合理的な理由」が認められず，解雇権の濫用に当たり，無効となります（労働契約法16）。

そこで，整理解雇の4要件のほかにも，30日前の解雇予告が必要であること，即時解雇の場合には30日分の平均賃金（解雇予告手当）の支払いが必要ですので十分留意してください。

① 人員整理の必要性
② 解雇回避の努力
③ 人員整理基準と人選の合理性
④ 労働者との協議手続

何も協議をしないで明日から来るなというのはあまりにも乱暴です。今後，解雇無効の訴えや労働審判を申し立てられたら，働いていないにもかかわらず，給与の支給をしなければならないことになってしまいます。

整理解雇とするのではなく，何度か注意して聞かなければ，就業規則に基づいて懲戒解雇にするというのも考えられるでしょう。出勤不良に加えて，数回にわたって注意を受けても改めない場合には，懲戒解雇が認められる余地もあります。解雇は簡単にできることではありませんので，慎重に進めるべきでしょう。

IX 会社再生に必要なのは人と人との信頼関係と社長の創意工夫

1 会社分割や民事再生は魔法の道具か？

　当たり前のことですが，会社分割や民事再生を行うことで，会社の商品力が上がったり，顧客満足度が上がるわけではないのです。
　これらの手法は金融機関の返済額を減らしたり，債務免除を受けられる過剰債務額を減らす効果があるにすぎません。

　民事再生でもリ・スケジュールでも同じですが，会社分割は会社の業績を上げる魔法の道具でもなんでもありません。もし民事再生や会社分割だけで会社が蘇ると宣伝している方がいれば，眉唾で聞いたほうがよいでしょう。

　もう一度22頁の図を見てください。
　会社再生の中長期的な目標のためには，経常収支の改善と過剰債務の削減が必要ですが，**一番の肝になるのは，この「経常収支の改善」**になります。
　つまり，**事業の再構築をどこまでできるのか**ということです。政策パッケージや監督指針も同じことを言っていると思います。
　これをおろそかにしていては，いくら債務を減らしても，会社再生はできません。

> **POINT** 会社再生の骨は経常収支の改善，つまり事業再構築にある。

2　金融機関との信頼関係

　もちろん債務額が過大になっている場合には，過剰債務の削減等が必要になる場面があるのは事実です。

　しかし，第二会社方式や民事再生などどんなスキームを取るにしても，金融機関との間に信頼関係を持ち続けることは非常に大事です。

　金融機関にこの会社はダメだとか，この社長はダメで信用できないと思われてしまったら，どんなによい計画を立案しても，その社長のもとで民事再生や私的整理を行うことは非常に厳しい状況になるからです。

　金融機関といっても，担当者はあくまでも一個人になります。人と人の話し合いになるわけです。

　経済合理性や透明性も大事ですが，**この人は信じられるという信頼関係が最終的には一番大事**になってくると思います。

　このことは何も会社再生だけの話ではないはずです。通常の会社経営の場合でも経営者のことを信用できないと思ってしまったら，周囲は支援してくれないはずです。

　金融機関の信頼を勝ち得るためには，社長自らが銀行訪問を行い，会社の財務状況をきちんと報告することが大事です。当然のことですが，粉飾などの違法行為はしてはいけませんし，過去に粉飾等をしていた場合には，早期に事情を説明しておくことが必要です。

　相手の懐に入っていけば，金融機関も人の子です。再生に協力してもらえる糸口が見えてくるはずです。

> **POINT**　金融機関との人間的な信頼関係が会社再生だけでなく，会社経営には大事。

3 従業員との対話・信頼関係構築

　従業員や取引先との信頼関係は，金融機関以上に重要かもしれません。なぜなら，従業員等との信頼関係は，ビジネスそのものに直結するからです。

　会社というのは，多くの従業員の働く場です。従業員は会社で稼いだお金で喜び，悲しみ，悔しさを感じて働き，家族を養います。多くの思い出の場所になります。経営が傾いたというのは，従業員と経営者との気持ちが1つになれなかったのが一因かもしれません。

　会社再生といっても，何も特別ことをするわけではありません。**要は他社にはないサービスや商品をどれだけ生み出して，お客様を喜ばせることができるかということです。お客様に近いところにいるのは，現場の従業員のはずです。**お客様に近い従業員の方がお客様のニーズを感じていることもあるでしょう。従業員の声をよく聞けば，お客様が望んでいるものが何か見えてくるはずです。

　従業員と真摯に対話を重ねれば，経営者の失敗を指摘されるかもしれません。経営者にとっては，納得できない指摘もあるかもしれませんが，従業員が批判をするというのは相当に勇気がいることです。折角の指摘はありがたく受け止めて，傾聴する態度で接すべきです。

　社長自身が従業員から直接話を聞くのは難しい局面もあるでしょう。そのような場合には，再生の専門家（コンサルタント）にアンケート等を実施してもらうことも1つの方法でしょう。

　経営者が過去の失敗を受け止めて，行動や態度を改めれば，従業員は「社長は変わったな。」「僕らも何とかしよう。」という気持ちになるはずです。

> **POINT** お客様に近いところにいる従業員の声に耳を傾けることが重要。

4　社長の創意工夫と情熱

　会社再生の肝である経常収支を改善するためには，売上増加と経費削減があります。

　もちろん無用な経費を使っているのであれば，経費削減を怠るべきではありません。経費削減は，比較的予想がしやすいので，売上げはそのままにして，確実に達成できる経費削減を中心に再生計画を策定するのは現実的な方法といえます。

　しかし，経費削減至上主義を徹底させて，売上向上に目を配らないのも問題があります。

　経費削減というのは，限界があります。毎年売上が10％低下している会社の場合，経費も10％ずつ下げていくことは容易ではありません。いつかは減らせる経費もなくなってしまいます。

　何よりもデフレ下で厳しい経済状態の中で，誰もが経費削減を敢行し，従業員の首を切っていくだけで，その会社が残ることに大義があるといえるでしょうか。

　会社経営の目的は，会社の価値を高めて，お客様に感動を与えること，従業員の生活を守ることのはずです。会社再生の場合もこの点は同じです。

　他社にはない差別化された商品やサービスを提供することで感動を与えられるわけですから，何よりも一番大切なのは，売上低下に歯止めをかけたり，売上増加に向けて，努力することのはずです。

　そのためには，従業員や取引先の声に耳を傾けつつ，自社の強みを分析し，

自社の強みはどう活かせば,お客様が喜んでくれるかを,**社長自身が自分の頭で考え抜いて,創意工夫するしかないのです**。

どうすればこの商品をもっと高く買ってもらえるのか,もっと多く買ってもらえるのかをうんぬん唸って考え抜くしかないわけです。

顧客に価値を与えるのは何か,他社とは違う差別化はどう実現するのかをよくよく考えること,これこそが本論であり,経営者としてはその実現に向けて絶対倒産させないという決意のもと,日々考えていくべきなのです。

このようにして策定した事業計画（再生計画）は説得力があり,金融機関にも理解を得られる内容になるはずです。

> **POINT** 会社経営の目的は会社の価値を高めること。

X 倒産したらどうなるのか（あとがきにかえて）

1 会社が倒産してしまったら

　本書では可能な限り，再生を目指すべきとお伝えしてきました。手法のメリット・デメリット・限界等を紹介してきました。

　しかし，それでも時代の流れ，経営者の体力，気力の問題もあり，再生が難しい局面もあります。

　会社が倒産してしまった場合，どうなってしまうのかを最後に見ることにしたいと思います。

2 事業廃止の場合にはできれば破産手続をしたほうがよい

　事業廃止の際には可能な限り，会社を破産したほうがよいといえます。債権者の頭数が多くない場合には，特別清算という手法を使うことも可能です。

　これに対して，何もしないで放置という方法も考えられなくはありませんが，可能な限り避けたほうがよいと思います。

　事業廃止のまま放置してしまいますと，債権者は債権回収ができないのにいつまでも債権が残ったままになってしまいます。債権者としては，経営者である代表者は，取引先の保証人でないとしても，代表者のままですから，結局いつまでも取立てをしなければならないことになってしまいます。

　経営者としてもいつまでも請求をされ続けるというのは精神衛生上よいとはいえないでしょう。

　破産をしないで放置していますので，債権者はどうしても請求せざるを得ません。その結果，一部の債権者には支払いをして，一部の債権者には支払いをしないという債権者不平等な状態にもなりかねません。無用な混乱が生じてし

まうわけです。

債権債務関係をきちんと整理して，法人はきれいに畳む，それがこれまでお世話になった取引業者，従業員，金融機関への礼儀だと思います。

> **POINT** 事業をやめるのであれば，破産や特別清算をしたほうがよい。

3 従業員に何をしてあげられるか

会社が倒産した場合，従業員はどうなってしまうのでしょうか。
事業廃止をする以上，従業員は全員解雇せざるを得ません。

会社倒産により，従業員は職を失ってしまいますが，これまで一生懸命やってきた経営者の後姿を見ている従業員は，仕方ないとして，納得してくれるものです。

もっとも，従業員には大変な迷惑をかけてしまうのは事実ですから，経営者としてできるだけのことをしてあげるしかありません。

別の会社で働きたいという従業員もいるでしょう。そのような従業員のために再就職先を探すお手伝いをしてあげるのもよいでしょう。

当該事業を引き続き続けたいという従業員もいるでしょう。その場合には，破産申立をしたうえで，破産管財人から当該事業に必要な資産を買い取ってもらえばよいでしょう。

従業員に未払給与が残ってしまった会社もあるでしょう。退職金も支払えない会社もあるでしょう。その場合，経営者が取るべき一番の方法は，会社の自己破産です。

事業廃止した会社が破産手続を申し立てますと，**未払賃金立替払制度により，一定程度，賃金の支払いを受けることができる**のです（詳細は15頁のコラム

参照)。

> **POINT** 会社倒産の場合でも経営者が従業員のためにしてあげられることはたくさんある。

4 経営者と経営者の家族も法律によって守られている

　中小企業の経営者は，金融機関の連帯保証人になっていることが一般的です。会社が倒産する局面では，多額の連帯保証債務が現実化してしまいます。ご自宅をどうするかも大きな問題となります。

　経営者の方が一番に考えるのは，夜逃げや自殺かもしれません。
　でもそれだけはしてはいけません。
　夜逃げをしなくても法律によって，安定した生活を送ることは可能なのです。**夜逃げをしなくても，家族の生活は守れる**のです。
　むしろ夜逃げの方が生活は大変だと思われます。一生住民票と違う場所に住み続けるのは，非常に大変だからです。家族にそこまで迷惑をかける必要もないでしょう。
　自殺はもってのほかです。家族のためにも生き抜いてください。多額の債務も法律を使えば消すことができます。
　多額の債務を消すというのは，自己破産を申し立てて免責を受けるということです。
　免責決定を得ることで，多額の債務（連帯保証債務も含みます）を負ってしまった方の「経済的更生」，つまり人生のやり直しを図ることができることです。
　逆に破産をしないで，今後，事業で成功し，収入を得ても，結局，その資産は債権者の引当てになるだけです。いつまでも督促が続くことにもなります。
　確かに，相続放棄をすれば，相続人は債務から解放されますが，ご本人が稼

いだ資産についても相続人の方は相続することはできなくなります。万一，ご本人の死亡後に，相続人の方が相続放棄を忘れると，相続人の方が多額の債務を負ってしまうと言う事態にもなってしまいます。

　自己破産をして，免責決定を得てしまえば，その後，ご自身の才覚と努力次第で，再び，資産を得て，それをご自分や大切な親族のために残すこともできるのです。

　これに対して，サービサーに債権が売られて，債権額の数％で和解できるケースもありますので，それで対応すればよいという意見を言う方もいます。
　しかし，それは何年後になるかわかりません。また，一部のサービサーとは話がついたが，その他のサービサーとは話がつかず，結局，破産申立てをすることになった場合，過去に支払ったサービサーへの支払いは無意味な出費だったということになってしまいます。また，それまで長期間苦しんでいた時間も無駄といえます。
　ちなみに，信用保証協会は，原則として，債務免除に応じることはありません。毎月の支払額が少額でも受け入れてくれることはありますが，その支払資金があるのであれば，ご自身や家族の再起のために使った方が有意義ではないでしょうか。
　多くの局面ではご自宅の取扱いが問題となることがありますが，ご自宅には住宅ローン，もしくは会社の借入れのための担保設定がなされていることが多いでしょう。
　仮にご親族やご友人の協力があれば，担保権者と協議のうえで，任意売却を行うことで，自宅に住み続けられることも少なくありません。

POINT　倒産に追い込まれてしまった場合，経営者も家族の方も将来を全く思い描けないかもしれない。
　しかし，夜逃げや自殺をしないでも，明るい未来を取り戻すことはできる。

5　おわりに

　これまで見てきましたように，会社再生のスキームには様々な手法があります。もはやこれまでと思った方も何とかなると思ったのではないでしょうか。どのような会社にも事業再構築の余地はあるはずですから，まずは事業再構築に努めてみてください。ただし，一人で考えると，息詰まることもありますので，自分一人で悩みを抱え込むのではなく，適切な相談機関（中小企業再生支援協議会や法律事務所等）に相談してみてください。事業再構築に努めつつ，適切な再生スキームを選択していただければと思います。

　もちろん努力をしても，会社再生が難しい会社もあるでしょう。その場合は，きちんと会社を整理すること（破産等）を考えてみましょう。そのことがひいては，従業員や従業員のご家族，さらに経営者ご自身やご家族を守ることにつながります。それこそが経営者として，立派な責任の果たし方だと思います。
　会社経営者もご家族も法律（破産法等）により守られています。明るい未来を想像することすらできず，悲観的になってしまうこともあるかもしれませんが，しっかりと休みも取って，前を向いて生きて行くことが大切です。「あの時は自殺を考えた。でも今になって振り返ると，あの時自殺しなくて良かった。」という日が必ず来るはずです。

　本書の執筆にあたっては，依頼者の方々，前所属事務所所長の村松謙一弁護士をはじめ多くの弁護士，公認会計士，税理士等の専門家の方々，中小企業再生支援協議会や金融機関の方々など多くの方々の教えやご指摘が生かされています。有難うございました。
　会社再生の実務は日々発展を遂げています。私自身，これまで以上に依頼者の方々の力になりたいと思いますし，より良い，あるべき会社再生のあり方を追究していきたいと思っていますので，引き続きご指導，ご指摘等をいただければ幸いです。

最後になりましたが，本書は，度重なる校正を厭わず行ってくださった税務経理協会の日野西資延氏のご尽力なしには完成しませんでした。深くお礼申し上げます。妻陽子と二人の子供（七海，克己）も家を空けることが多い著者を支えてくれました。ありがとう。

金融円滑化法の出口論掲載のウェブサイト

政策パッケージ等の全文は以下のウェブサイトで読むことができます。

1　中小企業金融円滑化法の最終延長を踏まえた中小企業の経営支援のための政策パッケージ（平成24年4月20日）
http://www.chusho.meti.go.jp/kinyu/2012/0420Enkatsu-encho.htm

2　中小企業者等に対する金融の円滑化を図るための臨時措置に関する法律に基づく金融監督に関する指針（コンサルティング機能の発揮にあたり金融機関が果たすべき具体的な役割）（平成24年5月）
http://www.fsa.go.jp/news/22/ginkou/20110404-1.html

3　金融担当大臣談話～中小企業金融円滑化法の期限到来後の検査監督の方針等について
http://www.fsa.go.jp/common/conference/danwa/2012/20121101-1.html

4　中小企業支援ネットワークの構築について（平成24年12月14日）
http://www.chusho.meti.go.jp/kinyu/2012/1214Network.htm

おすすめ図書（参考図書）

　会社再生を進めるうえでのおすすめ図書は以下のとおりです。会社再生の進め方，考え方や関連知識を学ぶことが出来ます。

・藤原敬三著「実践的中小企業再生論」（きんざい）
　　中小企業再生の実務，事業再生関連税務，中小企業再生支援協議会の実施基本要領がとても分かりやすく説明されており，何度も読み込む価値のある本です。
　　なお，平成24年5月21日付で「中小企業再生支援協議会事業実施基本要領」と「中小企業再生支援協議会事業実施基本要領Q&A」は改訂されております。中小企業庁のウェブサイトでご確認ください。
http://www.chusho.meti.go.jp/keiei/saisei/2012/0521Kyougikai.htm

・穂刈俊彦著「地域金融機関による事業再生の実務」（商事法務）
　　金融機関サイドから見た事業再生の進め方が網羅的に書いてあり，参考になります。事業計画の策定をする上で，参考になる点は多いと思います。

・黒木正人著「担保不動産の任意売却マニュアル（新訂版）」（商事法務）
　　不動産任意売却の進め方について，分かりやすく且つ平易に説明されています。

・木俣貴光著「企業買収の実務プロセス」（中央経済社）
　　企業買収の進め方について，具体的に且つ平易に説明されています。

・(株)プルータス・コンサルティング編「企業価値評価の実務Q&A〈第2版〉」（中央経済社）
　　企業価値評価について，網羅的に説明されています。M&Aだけでなく，債務カット案件において適切なカット要請額を考えるうえでも参考になります。

・岩崎邦彦著「スモールビジネス・マーケティング―小規模を強みに変えるマーケティング・プログラム」(中央経済社)

　中小企業向けのマーケティングの本です。「中小企業は大企業と同じことをしていてはいけない」ことを統計に基づいて論じています。中小企業が事業再構築策を考えるうえで，参考になる点は多いはずです。

・拙著「社長・税理士・弁護士のための私的再建の手引き」(税務経理協会)

　私的再建の進め方(事前準備，資金繰り表，事業計画の策定方法，財務DD，税務等)について，掘り下げて書いています。

・拙著「社長・税理士・弁護士のための民事再生の手引き」(税務経理協会)

　民事再生の事例を取り上げているほか，事前準備や具体的な進め方などのノウハウを書いています。他の民事再生の本に比べ，具体的にどのように進めればよいのか書いている点に特徴があります。

　マニュアル本ではありませんが，大先輩・師匠の清水直弁護士と村松謙一弁護士の書籍もおすすめです。会社再生をドラマとして学ぶことが出来ます。「会社蘇生」は実際の会社更生事件を小説にしたものです。読み物としても面白いです。

・清水直著「反面教師―人のフリ見て我がフリ直せ」(文化出版局)，「プロが語る企業再生ドラマ」(銀行研修社)

・村松謙一著「いのちの再建弁護士会社と家族を生き返らせる」(角川書店)，「魂の会社再建―ドキュメント　再建弁護士の会社救済ファイル2」(東洋経済新報社)

・高杉良著「会社蘇生」(講談社文庫)

著者紹介

宮原　一東（みやはら　いっとう）

弁護士（東京弁護士会）・中小企業診断士。桜通り法律事務所所属。東京弁護士会倒産法部所属。日弁連公設事務所・法律相談センターLC事務局。1999年3月上智大学法学部法律学科卒業。2001年10月司法試験合格。2002年4月司法研修所入所（司法研修所第56期）。2003年10月弁護士登録。2011年8月中小企業診断士登録。主な著書に「社長・税理士・弁護士のための私的再建の手引き」、「社長・税理士・弁護士のための民事再生の手引き」（いずれも税務経理協会）、「会社役員が知っておきたい　会計不正のはなし」（中央経済社）がある。

桜通り法律事務所

宮原一東弁護士と岡本成道弁護士により設立。会社の倒産回避に関する助言・顧問業務、会社再生（再生型の私的整理、民事再生）の債務者代理人業務を多く取り扱っている。その他、労働事件、債権回収、会計不正防止策・対応策等の企業法務を取り扱っている。
miyahara@sakuradori-lo.com

宮原一東、岡本成道のwebサイト
http://www.kaishasaiken.com/

著者との契約により検印省略

平成25年4月1日　初版第1刷発行	社長・税理士・弁護士のための **会社再生出口戦略** リスケジュール・会社分割・民事再生・ 協議会の選び方、使い方

　　　　　　　著　者　宮　原　一　東
　　　　　　　発行者　大　坪　嘉　春
　　　　　　　製版所　株式会社マッドハウス
　　　　　　　印刷所　税経印刷株式会社
　　　　　　　製本所　牧製本印刷株式会社

発行所　〒161-0033 東京都新宿区　　株式　税務経理協会
　　　　下落合2丁目5番13号　　　　会社
　　　　振替 00190-2-187408　　　電話　(03)3953-3301（編集部）
　　　　FAX (03)3565-3391　　　　　　　(03)3953-3325（営業部）
　　　　　　URL http://www.zeikei.co.jp/
　　　　乱丁・落丁の場合は、お取替えいたします。

Ⓒ　宮原一東　2013　　　　　　　　　　　　　　Printed in Japan

本書を無断で複写複製（コピー）することは、著作権法上の例外を除き、禁じられています。
本書をコピーされる場合は、事前に日本複製権センター（JRRC）の許諾を受けてください。
　JRRC〈http://www.jrrc.or.jp　eメール：info@jrrc.or.jp　電話：03-3401-2382〉

ISBN978-4-419-05870-8　C3034